Herausgeber:
Christian Abegglen

Planen & Optimieren

Armin Huerlimann
Alexander Hust

Publikationsreihe
Ganzheitliches Management in der Praxis
Band 7

Ausgewählte Diplomarbeiten der St. Galler Business School

ST. GALLER
BUSINESS BOOKS & TOOLS
GENERAL MANAGEMENT SERIES

Die Deutsche Bibliothek – CIP-Einheitsaufnahme

Entscheiden und Optimieren
Publikationsreihe Ganzheitliches Management in der Praxis, Band 7
Ausgewählte Diplomarbeiten der St. Galler Business School – Herausgegeben von Christian Abegglen
Business Books & Tools St. Gallen; St. Gallen 2012

(Edition General Management Series)

ISBN 978-3-905379-33-4

Alle Rechte vorbehalten

© Verein Business Books & Tools St. Gallen, St. Gallen
2012

Das Werk einschließlich aller seiner Teile ist urheberrechtlich geschützt. Jede Verwertung außerhalb der engen Grenzen des Urheberrechtsgesetzes ist ohne Zustimmung des Verlags unzulässig und strafbar. Das gilt insbesondere für Vervielfältigungen, Übersetzungen, Mikroverfilmungen und die Einspeicherung und Verarbeitung in elektronischen Systemen.

http://www.sgbbt.ch
E-Mail: info@sgbbt.ch

Höchste inhaltliche und technische Qualität unserer Produkte ist unser Ziel. Bei der Produktion und Verbreitung unserer Werke wollen wir die Umwelt schonen. Dieses Buch ist deshalb auf säurefreiem und chlorfrei gebleichtem Papier gedruckt. Die Einschweißfolie besteht aus Polyäthylen und damit aus organischen Grundstoffen, die weder bei der Herstellung noch bei Verbrennung Schadstoffe freisetzen.

Druck und Buchbinder: Rosch-Buch, D-Scheßlitz
Printed in Germany

ISBN 978-3-905379-33-4

Vorwort des Herausgebers

Das Konjunkturrad dreht sich immer schneller. Rascher Wandel scheint gerade auch in der Wirtschaftsentwicklung zum Dauerzustand geworden zu sein. Erstreckten sich noch vor nicht all zu langer Zeit Konjunkturzyklen über 6-10 Jahre, lässt sich aktuell eine deutlich zusammengestauchte Amplitude erkennen. Nicht nur aufgrund des immer schneller dahinwogenden Auf und Abs ist ein starker Magen notwendige Voraussetzung für Wirtschaftskapitäne geworden. Gemütliches Dahingleiten ist nun endgültig nicht mehr möglich, vielmehr muss die Umgebung ganzheitlich aufnehmend mal gekreuzt, mal gepaddelt, mal gesurft werden.

Dies erfordert ein Management, dass sich nicht mit eindimensionalen, nur kurzfristig wirkenden Massnahmebündeln aufhält, sondern solche Denk- und Handlungsweisen konsequent lebt, die nachhaltige Unternehmensentwicklung sicher zu bewerkstelligen vermögen. Dazu ist ein geprüftes und sich bewährendes, tragfähiges Basiskonzept notwendig. Dieses haben Wissenschafter und Praktiker dem St. Galler Gedankengut folgend bereits vor einigen Jahrzehnten entwickelt. Als „Leerstellengerüst für Sinnvolles" (Ulrich, Bleicher) dient es der Bewältigung von Komplexität und der Sicherung eines langfristig, erfolgreichen Corporate Developments der Unternehmung.

Der stetig weiterentwickelte und präzisierte St. Galler Management Ansatz liefert einen handfesten Bezugsrahmen, um die für ein erfolgreiches Corporate Development der Unternehmung notwendigen Managementsysteme adäquat zu gestalten und zu steuern. So liegt das St. Galler Konzept Integriertes Management sämtlichen Seminaren, Diplomstudiengängen sowie innerbetrieblichen Veranstaltungen der St. Galler Business School zu Grunde.

Innerhalb einer zunehmend spezialisierten Welt, braucht es eine integrierende Klammer – ein ganzheitliches Instrumentarium das den Blick auf das Gesamte richtet – ein Objektiv das eine Refokussierung erlaubt und unterstützt. Nur so ist es möglich Bildausschnitte richtig zu deuten, Pixel richtig zuzuordnen und Konturen vom „Ist" und möglichem „Soll" zu erkennen.

Vor diesem Hintergrund präsentieren wir Ihnen auch 2012 wiederum 3 Bände mit ausgesuchten praxisorientierten Diplomarbeiten, welche im Rahmen von Studiengängen der St. Galler Business School erarbeitet worden sind.

Im Verlauf Ihres Studiums haben sich die AbsolventenInnen der berufsbegleitenden Studiengänge intensiv mit Fragestellungen eines erfolgreichen ganzheitlichen integrierten Managements auseinandergesetzt. Grundlage ist das integrierte, system- und umsetzungsorientierte Konzept der St. Galler Management-Lehre, wie es von unserem ehemaligen wissenschaftlichen Leiter Prof. Dr. Dres. h.c. Knut Bleicher geprägt wurde. In diesem Konzept wird zwischen normativen, strategischen und operativen Dimensionen unterschieden, die im Hinblick auf notwendige Aktivitäten, Strukturen und Verhalten in Einklang zu bringen sind, um eine langfristige Lebensfähigkeit zu sichern. Deren Analyse und anschliessende bewusste Gestaltung bietet dem Management die Möglichkeit, präzise Aussagen zum Entwicklungsstand und zur zukünftigen Ausrichtung eines Unternehmens zu machen.

In aktuell neun Sammelbänden (3 Bände im Jahr 2010, 3 Bände im Jahr 2011, 3 Bände im Jahr 2012) werden zentrale Fragestellungen erfolgreichen integrierten Managements diskutiert und anhand von konkreten praktischen Unternehmensbeispielen illustriert. Damit soll der interessierten Leserschaft eine Plattform geboten werden, sich ausgehend vom bewährten St. Galler Management Ansatz mit aktuellen praxisnahen Fragestellungen aus der Wirtschaftspraxis auseinander zu setzen.

So widmet sich vorliegender **Band 7** dem breiten Themenspektrum von „Planen und Optimieren" und greift mittels unterschiedlich gelagerter Beiträge wesentliche Faktoren der erfolgreichen Führung der Unternehmung auf. Der erste Beitrag verfasst von Armin Huerlimann beschäftigt sich mit der Optimierung von Geschäftsprozessen durch den Einsatz moderner Kollaborations-Technologien. Im Fokus steht hierbei die optimale Unterstützung des Kerngeschäfts einer Firma durch den Einsatz moderner Kommunikations- und Kollaborationstechnologien sowie die Umsetzung dieser nötigen Leistungen im Rahmen einer zu gründenden Beratungsfirma für welche ein fundierter Businessplan erarbeitet wird.

Im zweiten Beitrag von Alexander Hust wird der Ausbau der Kosten- und Leistungsrechnung in einem Industriebetrieb zu einem Führungsinstrument behandelt. Ziel dieses Textes ist die Weiterentwicklung der aktuellen Rechnungswesenlandschaft zu einer Kosten- und Leistungsrechnung, die den Anforderungen eines führungsorientierten Management Accounting gerecht wird. Hierzu wird zunächst die momentane Rechnungswesenlandschaft dargestellt und auf ihre Stärken und Schwächen hin untersucht, um darauf aufbauend den Ausbau zu einem Führungsinstrument zu erläutern.

Gerade in Zeiten turbulenter Umbrüche rücken immer häufiger sogenannte „Marke or Buy Entscheidungen" ins Zentrum des unternehmerischen Radars. Damit einhergehend spielen eine Konzentration auf Kernkompetenzen, der Aufbau von Know-how bzw. auch der Transfer von Wissen und Technologien eine zunehmend bedeutsame Rolle. Aus diesem Grunde steht der **Band 8** ganz im Zeichen des Themenkreises „Transfer und Auslagerung". Outsourcing beschreibt mit einem Wort eine Vielzahl von solchen Möglichkeiten, die sich im Laufe der letzten Jahre entwickelt haben. Diese werden im ersten Beitrag von Hagen Höhl aufgegriffen und mit den Begrifflichkeiten Off-, On- und Nearshoring konfrontiert. Nach einer detaillierten Auseinandersetzung mit Möglichkeiten und Grenzen der Identifikation verlagerungsfähiger Leistungen werden sowohl ein Fragekatalog, der sog. Verlagerungs-Check sowie vor Off- bzw. Onshore-Entscheidungen zu überprüfende Kriterien erarbeitet.

Der zweite Beitrag verfasst von Thomas Gazlig soll dazu beitragen, Innovationspotenziale an der Schnittstelle von Grundlagenforschung und Wirtschaft besser auszuschöpfen. Hierbei muss sich der Technologietransfer auf neue Anforderungen einstellen d.h. Transfereinrichtungen sind gefordert sich auf Kernkompetenzen fokussieren und gleichzeitig den Wandel von der Technologie- zur Nutzenorientierung vollziehen. Dabei gewinnt insbesondere die Initiierung und aktive Gestaltung von Beziehungen zwischen Wissenschaftlern und Unternehmensvertretern als Schlüsselelement erfolgreichen Technologietransfer an Bedeutung. Der Beitrag endet der Vorstellung des sog. „Relationship-Management-Konzepts" – einem Vorschlag zur praxisrelevanten Umsetzung dieser Erfordernis.

Märkte als Orte des Zusammentreffens von Angebot und Nachfrage sowie auch Wettbewerbsschauplätze sind mit die wesentlichsten Elemente unseres Wirtschaftssystems. **Band 9** beschäftigt sich daher mit den Bereichen Wettbewerb und Marktbearbeitung. Der erste Beitrag von Simone Bliem analysiert Wettbewerbs- und Marktbearbeitungsstrategien für den E-Participation Markt in Deutschland. Mittlerweile ist E-Participation in Deutschland zunehmend Gegenstand von Ausschreibungen der öffentlichen Verwaltung, sei es als ein Teilbereich von E-Government-Projekten im Sinne eines Qualitätsmerkmals oder als ausschließliches E-Participation-Projekt. Nach umfassenden Analyse wird eine Wettbewerbs- und Marktbearbeitungsstrategie für den E-Participation Markt in Deutschland erarbeitet. Innovationen in Produkte und Prozesse sind heute unerlässlich für Unternehmen, die am Markt dauerhaft erfolgreich sein wollen.

Der zweite Beitrag von Wolfgang Blender beschäftigt sich mit der Generierung und selektiven Argumentation von Alleinstellungsmerkmalen. Hat man die Alleinstellungsmerkmale identifiziert, gilt es jeweils ein Concept Board dazu zu erstellen, das die Problemstellung des Kunden beschreibt, die Innovation darstellt, den Kundennutzen umschreibt und ihn belegt, um am Ende einen kurzen Slogan daraus zu formen, der möglichst einprägsam ist.

Es sind nicht starre mechanistische Lösungen, die zum Erfolg führen, als vielmehr zeitgerechte, wenn auch nicht ganz perfekte Herangehensweisen im Umgang mit komplexen Aufgaben, was im Denken und Handeln der Mitarbeitenden und Führungskräfte eine neue Offenheit verlangt, die durch zielorientiertes strategisches und operatives Management, eine flexible und vernetzte Organisationsstruktur und vor allem eine auf organisationales Lernen ausgerichtete Unternehmungskultur gefördert wird. Deshalb wollen wir mit den vorliegenden drei neuen Bänden der Reihe „Ganzheitliches Management in der Praxis" wiederum neue Anstösse für die interessierte Leserin, den interessierten Leser liefern.

Wir hoffen, diese Praxisbeispiele geben Anregungen zum Nachdenken und helfen den Kreativen und Mutigen, neue Wege zu gehen und den Transfer in die eigene Praxis zu vollziehen.

Dr. Christian Abegglen

Gründungsdirektor und Verwaltungsratspräsident der St. Galler Business School

Bereits erschienen im Jahr 2010 und 2011: Ganzheitliches Management in der Praxis - Ausgewählte Diplomarbeiten der St. Galler Business School

Band 1: Ideen- und Innovationsmanagement

Markus Heubi: Businessplan SBB Shop – Ein Businessplan für eine interne Sozialfirma der SBB.

Robert Hormes: SCHOTT Pharmaceutical Packaging fit für die Zukunft: Entwickeln und implementieren eines integrierten Ideenmanagements.

Rainer Brockmöller: Standortanalyse und Entwicklung einer Standortstrategie am Beispiel eines Matratzen Fachmarkt Konzeptes in Deutschland.

Im Mittelpunkt von **Band 1** steht erfolgreiches Ideen- und Innovationsmanagement anhand von konkreten Unternehmensbeispielen. Über die Ist-Analyse eines bestehenden Geschäftsmodells wird die Idee der Gründung einer Sozialfirma der Schweizerischen Bundesbahnen (SBB) anhand der Kriterien eines Businessplanes analysiert. Über den Businessplan werden Zukunftsaussichten und mögliche Erfolgsfaktoren für ein neues Geschäftsmodell aufgezeigt. Am Beispiel der Firma SCHOTT erfolgt die Entwicklung und Einführung eines integrierten Ideen- und Innovationsmanagements für Prozess- und Produktinnovationen. Der Schwerpunkt liegt dabei auf der Ideensammlung und -bewertung. Wie eine Standortstrategie anhand der Analyse des Standortprofils eines Verkaufsgebietes im Geschäft der Matratzen Concord GmbH entwickelt wird, zeigt der dritte Artikel dieses Sammelbandes auf. Über die quantitative und qualitative Analyse bestehender Standorte und ein daraus verändertes Standortprofil werden Erfolgsstrategien entwickelt, um das zukünftige Wachstum und Expansion zu sichern.

Band 2: Ganzheitliche Unternehmensanalyse

Karl Paukner: Der systemische Methodenkoffer. Strategieentwicklung und strategisches Consulting in der Managementpraxis.

Jannis Lindschau: Die Relevanz sozialer Verantwortung in Unternehmenskulturen im Kontext der gesellschaftlichen Werteentwicklung.

Der Band 2 beschäftigt sich intensiv mit der ganzheitlichen Unternehmensanalyse, wobei hier der Fokus auf der Zusammenführung von systemischen (Kommunikations-) Modellen und dem St. Galler Management Ansatzes liegt. Auch hier wird die kritische Auseinandersetzung wieder an konkreten Unternehmensbeispielen exemplarisch veranschaulicht. Besonderer Schwerpunkt in Band 2 liegt dabei auf der operativen Umsetzung der Modelle. Am Beispiel der Österreichischen Bundesbahnen (ÖBB) erfolgt die anwendungsbezogene Darstellung der Implementierung ganzheitlicher integrierter Personalentwicklungs- und Strategieprozesse anhand systemischer Modelle und Interventionen. Neben der strategischen Dimension beleuchtet ein weiterer Beitrag auch den normativen Aspekt des St. Galler Management Modells. Ausgehend von der gesellschaftlichen Werteentwicklung der letzten Jahre sowie zu-künftiger Trends erfolgt die Vorstellung der gelebten Werte innerhalb des Unternehmens Edel AG. Die Ableitung von Erfolgsfaktoren für die aktive Steuerung der Unternehmenskultur im Kontext von innerer und äusserer Kommunikation bildet eine praxisnahe Vertiefung der normativen Dimension.

Band 3: Erschliessung neuer Geschäftsfelder

Swen Postels: Betreibermodell für Software-as-a-Service Podukte am Beispiel von professionellem IT-Service-Management.

Sabine Kerum: Die zukünftige Rolle des Pharmaaußendienstes in einem sich verändernden gesundheitspolitischen Umfeld in Deutschland am Beispiel der Muster Pharma GmbH.

Bei **Band 3** steht die Erschliessung neuer strategischer Geschäftsfelder im Vordergrund. Gerade im Kontext von Wandel und Innovationsbereitschaft wesentlich, folgen in diesem Band Analysen bestehender und ableitend daraus die Untersuchung der Gründung neuer strategischer Geschäftsfelder. Die Entwicklung der Idee bis hin zur Prüfung auf Praktikabilität und der Überführung in einen Businessplan werden am Beispiel der Sitgate AG aus dem Bereich der Informationstechnologie dargestellt. Anknüpfend an den integrativen Managementansatz wird zur gelungenen Abrundung des Bandes - und gerade auch im Kontext von gesellschaftlichem Wandel und Veränderungen in Organisationen wesentlich - die Modifizierung von Vertriebsmodellen am Beispiel des deutschen Pharmamarktes diskutiert. Besonderer Schwerpunkt liegt dabei auf den Aspekten Mitarbeiterführung und -entwicklung als Träger von Veränderungsprozessen.

Band 4: Integriertes Key-Account-Management

Hans-Jörg Lindner: Zentrale versus dezentrale Struktur des internationalen Key-Account-Managements mittelständischer Automobil-Zulieferer.

Joachim Schmid: Lean-Management – Lean Sales Process: Konzeption zur systematischen Einführung eines idealen Verkaufsprozesses, basierend auf den Lean Management Methoden im Verkauf und Marketing, für den Groz-Beckert Konzern.

Roger Affeltranger: Evaluation of a National Key Account Management Concept within Selceted Market Organisations of Mettler Toledo Process Analytics.

Band 4 setzt sich anhand von drei Beiträgen mit Möglichkeiten der ganzheitlichen Struktur- und Prozessgestaltung im Sales- und Marketingbereich auseinander. Der erste Beitrag greift dazu die Frage auf, wie zentral oder dezentral ein globales Key Account Management sein sollte und beleuchtet diese Thematik am Beispiel eines mittelständischen Automobil-Zulieferers. Es werden Handlungsempfehlungen sowie zentrale Erfolgsfaktoren abgeleitet, die bei der Restrukturierung eines Grossabnehmer-Vertriebes zu berücksichtigen sind. Der zweite Beitrag untersucht die Auswahl und Implementierung des idealen Verkaufsprozesses für den Groz-Beckert Konzern. Ableitend aus der Analyse des Ist-Zustandes im Kundenbeziehungsmanagement wird eine Soll-Konzeption basierend auf der Lean Management Theorie vorgestellt. Im letzten Beitrag erfolg eine kritische Auseinandersetzung mit den strategischen Herausforderungen bei der Implementierung eines integrierten Key Account Managements am Beispiel der Mettler-Toledo Process Analytics AG.

Band 5: Produktmanagement im Einzelhandel und der Medienwelt

Nina Diana Tebartz: Der strategische Prozess der Produktentwicklung am Beispiel der Muster GmbH.

Wilfried Wüst: New TV Chancen und Risiken für Medienunternehmen.

Dauerhafte Markterfolge eines Unternehmens sind immer auch Ergebnis eines professionellen Produktmanagements. **Band 5** widmet sich mit zwei Beiträgen genau diesem Thema. Am Beispiel der mittelständischen Muster GmbH wird zunächst insbesondere der Prozess der Produktentwicklung, der zentraler Bestandteil des Muster-Produktmanagements ist, diskutiert. Über die Analyse und Bewertung der bestehenden Produktsegmente erfolgt die Darstellung des strategischen Prozesses für die Produktentwicklung in dieser Unternehmung. Im zweiten Beitrag wird die zukünftige Entwicklung im Medien- und Telekommunikationsmarkt durch den Einfluss der digitalen Informationstechnologien thematisiert. Anhand von Kennzahlen erfolgt die Darstellung des aktuellen Stands. Mittels Markterhebungen werden die zukünftige Entwicklung prognostiziert sowie Handlungsoptionen für die Marktteilnehmer aufgezeigt.

Band 6: Strategische Planung & Controlling

Thomas Schuler: Kritische Auseinandersetzung mit den Steuerungsgrössen EBIT und Cash Flow und deren Bedeutung in wirtschaftlich unsicheren Zeiten.

Thomas Schwarz: Grundlagen des Geschäftsrisiko-Managements in Kreditinstituten unter Berücksichtigung der Auswirkung der Finanzmarktkrise 2008/2009.

Tamara Garny: Grobkonzept für ein Planungs- und Controllingsystem im Schweizerischen Versicherungsverband.

Um die aktuellen und zukünftigen Managementaufgaben erfolgreich zu erfüllen, ist es immer entscheidender, die ganzheitlichen Zusammenhänge und Wirkungsmechanismen in Unternehmen zu verstehen und mit dem betriebswirtschaftlichen Wissen und Steuerungsinstrumenten zu vernetzen. **Band 6** greift diese hochbrisante Thematik auf und befasst sich mit den Themen strategische Planung und Controlling. Der erste Beitrag leitet mit einer theorie-orientierten Betrachtung der Steuerungsgrössen EBIT und Cash Flow ein, um ein einheitliches Verständnis dieser beiden Steuerungsgrössen im unternehmerischen Alltag zu schaffen. Der Praxistransfer erfolgt am Beispiel der R&A AG – ein Musterunternehmen tätig in der Metallindustrie. Im zweiten Beitrag geht es um die analytische und konzeptionelle Betrachtung des Geschäftsrisikomanagements unter besonderer Berücksichtigung der Identifizierung von Geschäftsrisiken. Es werden in der Praxis anwendbare Modellansätze für das ganzheitliche Management von Geschäftsrisiken in Kreditinstituten vor dem Hintergrund der Finanzmarktkrise erörtert und diskutiert. Im Mittelpunkt des dritten Beitrags steht die Entwicklung eines Planungs- und Controllingsystems zur Steuerung der Aktivitäten des Schweizerischen Versicherungsverbandes. Der Schwerpunkt des Beitrags liegt dabei auf der Planung als grundlegendes Steuerungsinstrument.

Inhaltsverzeichnis der ausgewählten Diplomarbeiten

Businessplan für Beratungsfirma im Bereich der Kommunikationstechnologie: „Optimierte Geschäftsprozesse durch den Einsatz moderner Kollaborationstechnologien": 1

Armin Huerlimann

Ausbau der Kosten- und Leistungsrechnung in einem Industriebetrieb zu einem Führungsinstrument: Erweiterung der starren Planungskostenrechnung zu Vollkosten zur Managementerfolgsrechnung 79

Alexander Hust

Beispiele von Diplomarbeiten 2011 (Auszug) 171

Businessplan für Beratungsfirma im Bereich der Kommunikationstechnologie

„Optimierte Geschäftsprozesse durch Einsatz moderner Kollaborations-Technologien"

Armin Huerlimann

Inhaltsverzeichnis

Abbildungsverzeichnis 3

Tabellenverzeichnis 4

Abkürzungsverzeichnis 4

Vorwort 5

1 Aktuelle Marktsituation 7
   1.1 Marktsituation und Marktpotential 7
   1.2 PESTE Analyse des Marktes 16
   1.3 Kundenbedürfnisse und Marktsegmentierung 22
   1.4 Technologien für Kommunikations- und Kollaborationslösungen 28
   1.5 Morphologischer Kasten 29
   1.6 Marketing Mix Stichworte 30

2 Konkurrenz im Markt und eigene Unternehmung 31
   2.1 Mitbewerberklassen 31
   2.2 Beurteilung der Mitbewerberklassen 33
   2.3 SWOT-Analyse der eigenen Unternehmung 35
   2.4 „Five Forces" Analyse 39

3 Umsetzung 40
   3.1 Grundstrategie und Firmenziele 40
   3.2 Firmenorganisation 41
      3.2.1 Grundsätzliche Firmenorganisation 41
      3.2.2 Dienstleistungen 41
      3.2.3 Lohn- und Kapazitätsberechung 42
      3.2.4 Kundensegmente 47
      3.2.5 Kostenberechnung 48
   3.3 Go-To-Market (GTM) Strategie 49
      3.3.1 Grundsätzliches zur GTM Strategie 49
      3.3.2 Investitionen Marketingstrategie 50
      3.3.3 Preisbildung / BEP für Marteinstieg 50
      3.3.4 Preisbildung / BEP Folgejahr 53
   3.4 Marketing Mix 56
      3.4.1 Werbestrategie und Firmenmotto 56
      3.4.2 Marketingziele Einstiegsszenarium 56
      3.4.3 Weitere Strategische Optionen 59

4 Zusammenfassung 59

Literaturverzeichnis 62

Anhang 64

Abbildungsverzeichnis

Abbildung 1: Investitionen in IKT in der Schweiz, 1990-2008 8
Abbildung 2: Ausgaben für IKT Dienstleistungen pro Haushalt 2008 9
Abbildung 3: Entwicklung der Internetnutzung 10
Abbildung 4: Marktpotential für Kollaborationslösungen im Jahre 2012 15
Abbildung 5: PESTE Analyse des Marktes 17
Abbildung 6: Internetnutzung nach Alter 20
Abbildung 7: Unternehmen und Beschäftigte nach Grössenklassen 27
Abbildung 8: Unternehmen nach Grössenregionen 28
Abbildung 9: Beurteilung der Mitbewerberklassen 33
Abbildung 10: SWOT Analyse der eigenen Unternehmung (Teil 1) 37
Abbildung 11: SWOT Analyse der eigenen Unternehmung (Teil 2) 38
Abbildung 12: Elemente der Branchenstruktur 39
Abbildung 13: Profil für Salarium Lohnrechner 44
Abbildung 14: Lohn bei Unternehmungen mit weniger als 20 Beschäftigten 44
Abbildung 15: Lohn bei Unternehmungen mit 20-49 Beschäftigten 45
Abbildung 16: Lohn bei Unternehmungen mit mehr als 50 Beschäftigten 45
Abbildung 17: Deckung der jährlichen Fixkosten über drei Jahre (Variante 1) 51
Abbildung 18: Deckung der jährlichen Fixkosten über drei Jahre (Variante 2) 52
Abbildung 19: Deckung der jährlichen Fixkosten (Variante 1) 54
Abbildung 20: Deckung der jährlichen Fixkosten (Variante 2) 55
Abbildung 21: Zusammenfassung der SWOT Analyse 57

Tabellenverzeichnis

Tabelle 1: Anteil IKT am BIP 20
Tabelle 2: Kerntechnologien / Collaboration Services 29
Tabelle 3: Kommunikations- und Kollaborationsanwendungen 29
Tabelle 4: Kerntechnologien / Collaboration Services 29
Tabelle 5: Morphologischer Kasten 30
Tabelle 6: Stärken und Schwächen der eigenen Unternehmung 35
Tabelle 7: Zusammenfassung der Ergebnisse 60

Abkürzungsverzeichnis

CRM	Customer Relationship Management
ERP	Enterprise Resource Planning
E-Participation	Electronic Participation
E-Government	Electronic Government
IKT	Informations- und Kommunikationstechnik
NRO	Nicht-Regierungsorganisation

Vorwort

Seit mehr als einem Jahrzehnt ist der Verfasser dieser Diplomarbeit bei einem US-amerikanischen Technologieunternehmen als Informatikingenieur tätig. In der Funktion eines Pre-Sales Systems Engineer ist er mit der Beratung und dem Verkauf moderner Kommunikations- und Kollaborationslösungen an Schweizer Grossfirmen betraut. Diese Lösungen werden von den Informatik- und Telekommunikationsabteilungen der Firmen evaluiert, beschafft und in Betrieb genommen. Der durch diese Investition bereitgestellte Service wird von verschiedenen Geschäftseinheiten und Geschäftsprozessen der Firmen genutzt um einen Mehrwert für ihre Tätigkeit zu erzielen. Im Verkaufs- wie auch beim Implementierungsprozess wurde vom Verfasser festgestellt, dass durch diese Investition der Mehrwert für das Kerngeschäft und die einzelnen Geschäftseinheiten der Firmen sehr unterschiedlich ausfällt. Einige der Gründe die zu dieser Feststellung führten sind:

- Integrationsgrad der eingesetzten Technologie in die Geschäftsprozesse.
- Firmenkultur: Unterschiedlich gute Zusammenarbeit der Geschäftseinheiten (Provider und Nutzer der Businessprozesse) mit den Informatik Abteilungen.
- Maturität des Dienstleistungsgedankens innerhalb der Informatik Abteilungen.
- Reifegrad der eingesetzten Technologie.
- Benutzbarkeit/Benutzerfreundlichkeit der eingesetzten Technologie

Eine vertiefende Analyse dieser Gründe führte den Verfasser zu einer Definition folgender Kernfragen:

1. Kernfrage: Wie kann das Kerngeschäft einer Firma durch den Einsatz moderner Kommunikations- und Kollaborationstechnologien optimal unterstützt werden?

2. Kernfrage: Wer kann die nötige Leistung zur Umsetzung erbringen?

Zu einer Beantwortung dieser beiden Fragen bedarf es neben guten Technologiekenntnissen insbesondere auch betriebswirtschaftlicher Kenntnisse und eines Einblick in die Organisation der zu betrachtenden Firma. Von grossem Interesse sind dabei Informationen über die Geschäftsorganisation und der implementierten und betriebenen Geschäftsprozesse. Die **1. Kernfrage** kann nur anhand einer konkreten Firma ausführlicher bearbeitet werden. Sie diente jedoch während der Erarbeitung dieser Diplomarbeit dazu, ein wichtiges Hauptziel einer Firma immer wieder als Führungsleitlinie zu verfolgen. Die Überlegungen die zu einer Beantwortung der **2. Kernfrage** führten, wurden während der Bearbeitungszeit dieser Diplomarbeit mehrmals überarbeitet und in dieser Diplomarbeit festgehalten.

Dies ermöglichte es dem Verfasser seine praktische Erfahrung mit technologiebasierten Kommunikations- und Kollaborationslösungen mit den an der St. Galler Business School erarbeiteten und vertieften „General Management" Kenntnissen zu verbinden und in der vorliegenden Diplomarbeit zu konkretisieren. Die bei der Erarbeitung zusammengetragenen Informationen wurden in Form eines Businessplans für eine neue Beratungsfirma aufbereitet und erzielten dadurch für den Verfasser einen hohen praktischen Nutzen. Für das strukturierte Vorgehen beim Bearbeiten dieser Diplomarbeit wurde das Buch von Christoph Metzger zu Rate gezogen (Metzger, 1996). Bezüglich der Strukturierung und dem Aufbau des Businessplanes wurden Ideen aus der Schrift von Robert Hasenböhler und Daniel Gfeller übernommen (Gfeller & Hasenböhler, 2004). Der praxisorientierte Ansatz bei der Erstellung dieser Diplomarbeit unterteilte sich in eine **Screening-Phase (Kapitel: Aktuelle Marktsituation)** gefolgt von einer **Strategie-Phase (Kapitel: Konkurrenz im Markt und eigene Unternehmung)** und einer abschliessenden **Implementierungs-Phase (Kapitel: Umsetzung)** worin die Stossrichtungen für die Umsetzung festgehalten wurden. Abschliessend wurde eine Entscheidung getroffen wie mit den erarbeiteten Erkenntnissen weitergefahren werden soll. Anbei ein paar Stichworte welche die Stossrichtungen und das Umfeld dieser Beratungsfirma umschreiben:

- Beratung und Coaching beim Einsatz von modernen Kommunikations- und Kollaborationslösungen in Firmen (und anderen Netzwerken / Communities).
- Beratung von Firmen bei der Evaluation von Kommunikations- und Kollaborationslösungen.
- Konzepte und Beratung für die Optimierung von technologiegestützten Kommunikations- und Kollaborationssystemen.
- Technologie - Coaching bei der Implementierung von Kommunikations- und Kollaborationslösungen in die Geschäftsprozesse.
- Kommunikationsmanagement in virtuellen Organisationen.
- Beratung bei der Integration von Kommunikations- und Kollaborationsstrategien in die Business Architekturen.
- Sparte: Beratung / Dienstleistungen / Konzeption / Coaching

1 Aktuelle Marktsituation

1.1 Marktsituation und Marktpotential

Konsultierte Untersuchungen und Statistiken zeigen auf, dass Unternehmungen wie auch private Haushalte in den letzten Jahren vermehrt in Technologien und Dienstleistungen investiert haben, welche ihre Kommunikations- und Kollaborationsfähigkeiten steigern.

Marktsituation und Kommunikationstechnologien

Basierend auf Daten des Bundesamtes für Statistik (1990 bis 2008) wächst seit dem Platzen der Internetblase (Anfang 2000), die Investitionsbereitschaft der Schweizer **Unternehmungen** im Sektor „Kommunikationstechnologien" sehr stark an. Im Vergleich mit anderen Sektoren innerhalb der Informationsgesellschaft steigen die Investitionen im Sektor „Kommunikationstechnologien" am Steilsten an.

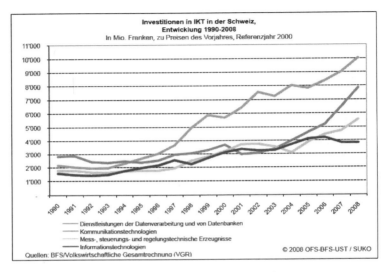

Abbildung 1: Investitionen in IKT in der Schweiz, 1990-2008[1]

Die getätigten Investitionen im Sektor „Kommunikationstechnologien" waren im Jahr 2008 mit 8 Milliarden CHF volumenmässig der zweitgrösste Sektor im Markt für **Informations- und Kommunikationstechnologien (IKT)**. Dieses Volumen wurde einzig von den getätigten Investitionen in die „Dienstleistungen der Datenverarbeitung und Datenbanken" um 2 Milliarden CHF übertroffen. Dieser Sektor wies ein Investitionsvolumen von 10 Milliarden CHF aus und befindet sich somit an der Spitze dieser Statistik.

---

[1] http://www.bfs.admin.ch/bfs/portal/de/index/themen/16/04/key/approche_globale.indicator.30202.302.html

Eine zweite Erhebung die vom Bundesamt für Statistik durchgeführt und in dieser Diplomarbeit untersucht wurde hat die Ausgaben für IKT-Dienstleistungen der privaten Haushalte in der Schweiz erfasst. Basierend auf diesen Daten wurden im Jahr 2008 pro Haushalt und Monat rund 200 CHF für Dienstleistungen ausgegeben welche für Informations- und Kommunikationstechnologie (IKT) eingesetzt wurden. Davon waren mehr als 50% (rund 120 CHF) für „Telekommunikation" (ohne Internet) bestimmt. Verglichen mit den **gesamten Konsumausgaben** pro Schweizer Haushalt, entspricht dies einem Anteil von 2.28 %.

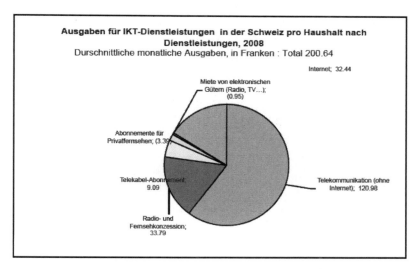

Abbildung 2: Ausgaben für IKT Dienstleistungen pro Haushalt 2008[2]

Im Jahre 2009 wurden vom Bundesamt für Statistik 3.4 Millionen private Haushalte erfasst. Diese haben zusammen rund 4.9 Milliarden Schweizer Franken für Telekommunikations-Dienstleistungen ausgegeben. Gemäss einer

---

[2] http://www.bfs.admin.ch/bfs/portal/de/index/themen/16/04/key/approche_globale.indicator.30104.301.html?open=307&close=307

anderen Erhebung des Bundesamtes für Statistik verfügten im Jahre 2009 77% der Haushalte über einen Internetanschluss. Dies sind umgerechnet 2.6 Millionen private Haushalte. Mit einem Ausgabedurchschnitt von 32.44 CHF pro Monat und Haushalt ergibt die Multiplikation mit der Anzahl Haushalte eine Summe von rund einer Milliarde Schweizer Franken.[3]

Der Trend zur vermehrten Nutzung des Internetanschlusses in den Privaten Haushalten nahm in den Jahren 1997 bis 2010 stetig zu. Dies wurde in der folgenden Abbildung anhand der Daten vom Bundesamt für Statistik grafisch festgehalten:

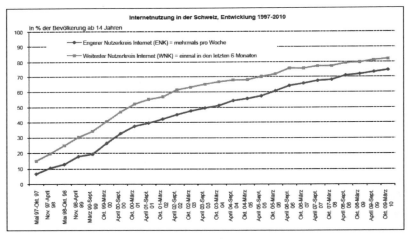

Abbildung 3: Entwicklung der Internetnutzung[4]

---

[3] http://www.bfs.admin.ch/bfs/portal/de/index/themen/16/04/key/approche_globale.indicator.30109.301.html

[4] http://www.bfs.admin.ch/bfs/portal/de/index/themen/16/04/key/approche_globale.indicator.30106.301.html

Die beschriebene IKT-Dienstleistung und die Verwendung des Internets wurde insbesondere durch den Einsatz von Personalcomputern/Laptops und Mobiltelefonen genutzt. Bezüglich der Anzahl dieser Endgeräte stellte das Bundesamt für Statistik ebenfalls Daten für das Jahr 2008 zur Verfügung. Basierend auf diesen Informationen standen in 81% der Haushalte mindestens ein Personalcomputer und in über 32% der Haushalte mehrere Personalcomputer. Im Weiteren besassen über 90% aller Haushalte mindestens ein Mobiltelefon und 51% der Haushalte sogar mehr als ein Mobiltelefon. Im selben Jahr standen in 92% aller Schweizer Haushalte ein Fernsehgerät und einer von fünf Haushalten (19.5%) besass sogar über zwei oder mehr Fernsehgeräte. Gemäss einer aktuellen Recherche der NZZ am Sonntag vom 9. Januar 2011, wurden die Mobiltelefone in der Schweiz im Durchschnitt alle 18 Monate ausgetauscht. Von den alten Mobiltelefonen wurden 15% dem Recycling zugeführt (globaler Durchschnitt ist 3%). Pro Jahr wurden 2.8 Millionen Mobiltelefone verkauft.[5]

Marktpotential Kommunikationslösungen

Zahlenmässig sah die Marktsituation für Kommunikationstechnologien in der Schweiz im Jahre 2008 folgendermassen aus:

- 8 Milliarden CHF Investitionen der Schweizer Firmen in Telekommunikationstechnologien.
- 4.9 Milliarden CHF Ausgabe der Haushalte für Telekommunikations-Dienstleistungen.
- 1 Milliarde CHF Ausgaben für den Internetanschluss.
- 81% der Schweizer Haushalte verfügt über einen Personalcomputer.
- 92 % der Schweizer Haushalte verfügt über ein Fernsehgerät.
- 2.8 Millionen Mobiltelefone wurden im Jahre 2010 verkauft.

---

[5] http://www.nzz.ch/magazin/digital/schmutziges_handy_1.9032059.html

Marktsituation Kollaborationstechnologien

Weil dem Verfasser dieser Diplomarbeit keine Quellen bekannt waren welche die Marktsituation und das Marktpotential für Kollaborationstechnologien auf eine quantifizierbare Grundlage stellt, wurde für die Beschreibung der Marktsituation und der Bestimmung des Marktpotentials, ein qualitativer Ansatz verwendet. Parallel zum Marktpotential für Kommunikationslösungen fand insbesondere in den letzten beiden Jahren eine immer stärker fortschreitende **Vernetzung** von Firmen und Personen über Internet-basierte Applikationen statt. „Social Media Networks" war eines der Stichworte welches im Zusammenhang mit „Web 2.0" oft als Plattform für die **Vernetzung** genannt wurde. Unter „Social Media Networks" versteht man Anwendungen welche es dem Internet Benutzer möglich machen, über ein elektronisches Netzwerk einen sozio-kulturellen Austausch zu unterhalten. Internet Anwendungen die eine Benutzerprogrammierung ermöglichen und individuell auf private- und geschäftliche Anforderungen angepasst und mit anderen Internet Anwendungen verlinkt werden können, bezeichnen die „Web 2.0" Fähigkeiten und gelten als die „2. Generation" des Internets. Verschiedene „Social Media Networks" sind für den privaten Benutzer stark am Wachsen, wie zum Beispiel Facebook, LinkedIn, Xing und Twitter. Diese Kollaborationslösungen wurden in den letzten Jahren auch vermehrt für den professionellen Einsatz in Firmen diskutiert und für diesen Verwendungszweck weiter entwickelt. Ein Grund für diese Entwicklung ist die Feststellung, dass der private sozio-kulturelle Austausch der Mitarbeiter nicht an den Firmengrenzen halt macht. Dass die Mitarbeiter diese privaten Applikationen auch im Geschäft anwendeten und teilweise sogar für geschäftliche Zwecke nutzen führte zu kontroversen Diskussionen über sicherheitsrelevante Aspekte wie auch über betriebswissenschaftliche Aspekte (Reputation der Firma, Nutzung fürs Marketing, „Social Media Networks" für Unternehmungen).

Neben dem Aufbau von neuen Fähigkeiten und Kompetenzen um diese **Vernetzung** in den Firmen voranzutreiben und kontrollieren zu können, wurden verstärkt auch Aktivitäten zur verbesserten Kommunikation und Kollaboration auf Geschäftsleitungsebene vorangetrieben und in die Managementsysteme der Unternehmungen integriert. Wie es Knut Bleicher im Kapitel „Managementsysteme tragen die Kommunikation und Kooperation organisatorischer Einheiten." beschreibt, müssen auch die Managementsysteme die Kommunikation und Kollaboration innerhalb der Firmenorganisation fördern (Bleicher, 2004). Dies ist durch eine intelligente Vernetzung der verschiedenen Systeme und Managementstufen zu erreichen und dazu sind auch „Social Media Networks" Anwendungen vermehrt in Betracht gezogen worden.

Ein weiterer Aspekt der die Marktsituation bei den Kollaborationstechnologien umschreibt, betrifft die Anwendung **Video**. Höhere Anforderungen an die Kollaborationslösungen führten dazu, dass High Definition (HD) Videoübermittlung immer häufiger eingesetzt wurde. Bei Cisco wurde im Jahr 2010 gemessen, dass 70% des internen Netzwerkverkehrs aus Video Inhalten besteht. Im Internet wird dieser Video-Trend durch Webpages wie „Youtube" gestärkt. Der Ausspruch „A picture is a thousand words, and video says it all" wurde an der Universität in Oxford, auf eine wissenschaftlich fundierte Basis hin untersucht. (Vision Group Research, FMRIB, University of Oxford, UK).[6]

In dieser Studie wurde festgehalten, dass ein Drittel des menschlichen Gehirns für die Verarbeitung von visuellen Informationen reserviert ist. Dies ist eine der Ursachen warum bei **physikalischen** Meetings die Qualität des Gespräches und somit des Meetings an sich, von den Teilnehmern besser eingestuft wird als wenn sie über Kommunikationsmedien wie Telefon- oder Videokonferenz, das Meeting **virtuell** führen. Durch herkömmliche virtuelle Meetings geht die nonverbale Kommunikation fast ganz verloren da diese vom Empfänger wegen

---

[6] http://www.fmrib.ox.ac.uk/vision/vision-group-research-2

schlechter Qualität des Bildes nicht wahrgenommen werden kann. Somit fehlen dem Empfänger Informationen welche der dafür reservierte Teil in seinem Gehirn nicht verarbeiten kann.

Anhand einer wissenschaftlichen Studie aus dem Jahre 1996, ist 63% der zwischenmenschlichen Kommunikation „non-verbal". (Burgoon, Buller, & Woodall, 1996). Um diese „non-verbale" Kommunikation als Bildinformation zu übertragen, wurden deshalb vermehrt High Definition (HD) Videokonferenzen als Kommunikationsmedium in Betracht gezogen. Je besser die **Qualität der Gespräche** bei Meetings ist, desto effizienter wird die Zeit der Teilnehmer genutzt, was wiederum zu effektiven Meetings und zu den generellen Kosteneinsparungs- und Effizienzzielen der Unternehmungen einen wichtigen Beitrag leistet. Mit **Qualität der Gespräche** ist hier ein kultureller/weicher Zug gemeint, welcher im Endeffekt entscheidet ob sich die Kommunikationstechnologie bezahlt macht oder nicht.

Marktpotential von Kollaborationslösungen in der Schweiz

Die intensive Vernetzung der Unternehmungen mit Kollaborationstechnologien ist in den letzten Jahren vermehrt aufgekommen. Weil es sich noch um eine sehr junge und unübersichtliche Geschäftssparte handelt, konnten keine Daten vom Bundesamt für Statistik zum Abschätzen des Marktpotentials genutzt werden. Der hier eingeschlagene Weg ein qualitatives Marktpotential zu benennen, beruht auf internen Zahlen der Firma Cisco. Diese Informationen wurden wiederum aus verschiedenen Marktforschungsstudien von Gartner, Synergy, IDC und Wainhouse zusammengestellt und umfassten den Globalen Markt.

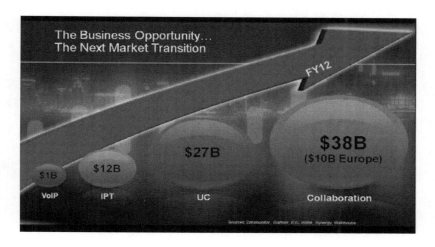

Abbildung 4: Marktpotential für Kollaborationslösungen im Jahre 2012

Anhand der Marktbetrachtung von Cisco, hat sich der Markt für Kollaborationstechnologien (**Collaboration**) aus dem Kommunikationsmarkt weiterentwickelt. Dieser als Unified Communication (**UC**) bezeichnete Markt beinhaltet die vorhergegangenen Lösungen für Internet basierte Unternehmenstelefonie (**IPT**). „IPT Telefone" werden wie Personalcomputer oder Drucker ans Firmennetzwerk angeschlossen und verwenden das Internet Protokoll (IP). Voice over IP (**VoIP**) verwendet ebenfalls das Internet Protokoll (IP) jedoch wird als Transportmedium das öffentliche Internet genutzt. Neben diesen Lösungen für die Sprachübermittlung (Voice), sind bei Unified Communication (UC) weitere Technologien integriert worden die unter anderem Informationen über den Standort und dem Status der Endgeräte oder Benutzer angeben. Diese zusätzlichen Informationen über „Presence" und „Location" lassen sich in die Business- und Kommunikationsprozesse integrieren, womit insbesondere für „Real-time Messaging" und Videokommunikation neue Möglichkeiten zur effizienten und effektiven Kollaboration geschaffen wurden. Die Technologien für „Presence", „Location" und „Real-time Messaging" wurden in dieser Diplomarbeit „Kerntechnologien" genannt.

Anhand der internen Zahlen von Cisco wurde das Marktpotential für Kollaborationslösungen im Jahre 2012 weltweit auf 38 Milliarden USD geschätzt. Erfahrungsgemäss entfallen 1% vom Globalen Markt auf den Schweizer Markt was gemäss Cisco für Kollaborationslösungen ein Marktpotential von 380 Millionen USD bedeutet. Diese „1 % Erfahrung" basierte auf der über 10-jährigen Tätigkeit der Firma im Schweizer Markt. Dieses geschätzte Marktpotential beinhaltet Hardware, Software und die nötigen Dienstleistungen und Services. Ein weiterer Cisco Erfahrungswert weißt aus, dass 90% der Investitionen für Hardware und Software aufgewendet wurden und 10% für die Dienstleistungen und Services verblieben um die Lösungen zu installieren und in Betrieb zu nehmen. Mit diesen Erfahrungswerten als Grundlage, ergab die Kalkulation einen zu adressierenden Markt für Dienstleistungen und Services von 38 Millionen USD.

Zusammengefasst sah das qualitativ geschätzte Marktpotential für Kollaborationslösungen in der Schweiz für das Jahr 2012 folgendermassen aus:

- 380 Millionen USD totales Marktpotential (100%)
- 38 Millionen USD für Dienstleistungen und Services (10%)
- 342 Millionen USD für Hardware und Software (90%)

1.2 PESTE Analyse des Marktes

Anhand einer PESTE Analyse wurde der zu adressierende Markt in der Schweiz für Kommunikations- und Kollaborationslösungen im Bezug auf die zentralen Umwelteinflüsse untersucht. Dabei wurde in politische, wirtschaftliche, soziokulturelle, technologische und ökologische Einflüsse unterteilt.

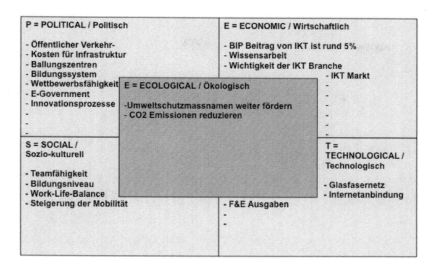

Abbildung 5: PESTE Analyse des Marktes

P = POLITICAL / Politische Einflüsse

Öffentlicher Verkehr: Die Wichtigkeit des öffentlichen Verkehrs wird vermehrt in der politischen Diskussion hervorgehoben. Einerseits weil die Kosten für den privaten und öffentlichen Verkehr das Landesbudget immer mehr belasten und schwerer zu budgetieren sind und andererseits weil der Umweltschutz gefördert werden soll. Bezüglich dem öffentlichen Verkehr und dem damit verbundenen Service Public werden vermehrt Lösungswege gesucht den privaten wie auch den Geschäftsverkehr zu optimieren.

Kosten für Infrastruktur: Die Kosten für den öffentlichen wie auch privaten Verkehr steigen jährlich an. Einer der Gründe dafür ist der erhöhte Bedarf an Mobilität der Bürger in der Schweiz. Gemäss der „NZZ vom Sonntag" vom 23. Januar 2011 verlassen 90 % der Schweizer Bevölkerung fürs Geldverdienen ihr

Wohnhaus. In derselben Recherche wird von der Zeitung festgehalten, dass 65% der Erwerbstätigen ihren Arbeitsort ausserhalb ihrer Wohngemeinde haben.[7]

Priorität der Infrastrukturausgaben soll vermehrt auf den Ausbau der Fiber-Breitband Infrastruktur gelegt werden um einen Datenstau durch die vermehrte Anwendung des Internet zu verhindern. Dazu verabschiedete der Bundesrat den Strategiebericht zur Zukunft der Infrastrukturnetze für die Bereiche Energieversorgung, Verkehr und Telekommunikation.[8]

Ballungszentren: Strukturschwächere ländliche Regionen in der Schweiz, stehen wegen dem demografischen Wandel vor grossen Herausforderungen im Bezug auf das Informations- und Bildungsangebot sowie auf die Gesundheitsversorgung. In diesem Bereich kann durch die Anwendung des Internets eine Förderung der strukturschwächeren ländlichen Regionen unterstützt werden.

Bildungssystem: Dieses muss weiter ausgebaut werden um den Bedarf an qualifizierten Arbeitnehmern auch in Zukunft abdecken zu können.

Wettbewerbsfähigkeit: Die Schweizer Wirtschaft soll durch politische Entscheidungen und Prioritäten gestärkt werden, damit der Bereich der Dienstleistungen (Wissensarbeit) strategisch weiter ausgebaut werden kann.

E-Government: Beim Einsatz moderner Informations- und Kommunikationstechnologien in Verwaltung und Regierung wurden in den letzten Jahren grosse Anstrengungen unternommen. Dennoch besteht grosser Nachholbedarf. Gemäss Bundesrat Hans-Rudolf Merz, Vorsitzender im Steuerungsausschuss E-Government Schweiz, geht es beim Schweizer E-Government vor allem um die koordinierte Zusammenarbeit von Bund,

---

[7] NZZ am Sonntag

[8] http://www.uvek.admin.ch/dokumentation/00474/00492/index.html?lang=de&msg-id=35185

Kantonen und Gemeinden um im Vergleich mit anderen EU Staaten den Anschluss nicht zu verlieren.[9]

Innovationsprozesse: Durch die Öffnung des Innovationsprozesses soll ein Wettbewerbsvorteil für die Schweizer Wirtschaft geschaffen werden. Dafür müssen auf der politischen Ebene die richtigen Weichen gestellt werden und dies wird vermehrt von Spitzenpolitikern gefordert.[10]

E = ECONOMIC / Wirtschaftlich

IKT Markt: In der Schweiz sind mittlerweile über 80 Prozent der Bevölkerung im Internet online. In der Gruppe der 14- bis 29-Jährigen sind es sogar 95 Prozent. Die intensive Internetnutzung dieser Zielgruppe wird besonders durch soziale Netzwerke getrieben. Den grössten Zuwachs an Internetnutzern weist jedoch die Gruppe der über 55-jährigen Menschen auf.

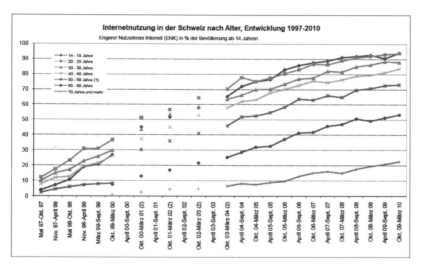

Abbildung 6: Internetnutzung nach Alter[11]

---

[9] http://www.admin.ch/aktuell/00089/index.html?lang=de&msg-id=30133

[10] http://www.nzz.ch/finanzen/aktien/nebenwerte/ruedi_noser_zur_innovationsinitiative_1.3926520.html

[11] http://www.bfs.admin.ch/bfs/portal/de/index/themen/16/04/key/approche_globale.indicator.30106.301.html

Wissensarbeit: Wissensarbeit im Dienstleistungssektor ist ein wichtiger Bestandteil der Schweizer Wirtschaft und erhält tendenziell zunehmend an Gewicht.

Wichtigkeit der IKT Branche: Die IKT Branche ist zu einem zentralen Faktor in Wirtschaft, öffentlichem Sektor und privatem Alltag geworden.

BIP Beitrag von IKT: Die Informations- und Kommunikationstechnologie (IKT) leistet gemäss Bundesamt für Statistik seit 1997 mit gut 5% des Bruttoinlandproduktes, einen bedeutenden Beitrag zu Produktivität, Wachstum und Beschäftigung in der Schweiz.

Jahr	Anteil
1997	5,2%
1998	5,3%
1999	5,5%
2000	5,8%
2001	5,5%
2002	5,6%
2003	5,5%
2004	5,4%
2005	5,5%
2006	5,5%
1997–2006	5,5%

Quelle: BFS

Tabelle 1: Anteil IKT am BIP[12]

S = SOCIAL / Sozio-kulturell

Steigerung der Mobilität: Die Steigerung der Mobilität ist auch für den sozio-kulturellen Austausch sehr wichtig und fördert den Zusammenhalt und damit ein stabiles soziales System.

---

[12] http://www.bfs.admin.ch/bfs/portal/de/index/news/publikationen.html?publicationID=3390

Teamfähigkeit: Die Öffnung des Innovationsprozesses soll durch bessere Teamfähigkeiten gestärkt werden. Dies ist nicht nur für den privaten Alltag wichtig, sondern findet auch vermehrt Einzug in die Unternehmungen.

Bildungsniveau: Eine Steigerung des Bildungsniveaus trägt dazu bei, dass der Zusammenhalt und damit ein stabiles soziales System gebildet wird.

„Work-Life-Balance": Mit einer ausgewogenen „Work-Life-Balance" werden die Wechselwirkungen zwischen den Lebensbereichen „Privat" und „Geschäft" harmonisiert. Die dadurch gewonnene Zufriedenheit und Motivation wirkt der Diagnose „Burnout" entgegen. Dies ist für den Arbeitnehmer wie auch für den Arbeitgeber ein anzustrebendes Ziel.

T = TECHNOLOGICAL / Technologisch

Glasfasernetz: Infrastruktur muss weiter ausgebaut werden.

Internetanbindung: Die Internetanbindung der Bevölkerung und die Vernetzung mit Breitband-Technologien soll weiter Richtung 100 % getrieben werden.

F&E Ausgaben: Um den technologischen Fortschritt weiter voranzutreiben, sollen staatliche- wie auch privatwirtschaftlich Investitionen in die Forschung und Entwicklung gefördert werden.

E = ECOLOGICAL / Ökologisch

Umweltschutz: Umweltschutzmassnamen sollen weiter gefördert werden. Auf Grund des an der Weltklimakonferenz ausgehandelten „Copenhagen Accord" will der Bundesrat bis im Jahr 2020 die Treibhausgase in der Schweiz, (basierend auf dem Niveau von 1990) um 20% bis maximal 30% senken.[13]

---

[13] http://www.uvek.admin.ch/dokumentation/00474/00492/index.html?lang=de&msg-id=31937

CO2 Emissionen reduzieren: Der intelligente Einsatz von IKT-Systemen bis 2020 bietet gemäss dem Smart 2020 Report, CO2-Reduktionspotenziale von ca. 15 Prozent und damit das Fünffache der von IKT verursachten Emissionen.[14]

1.3 Kundenbedürfnisse und Marktsegmentierung

Bei der Formulierung der 1. Kernfrage „Wie kann das Kerngeschäft einer Firma durch den Einsatz moderner Kommunikations- und Kollaborationstechnologien optimal unterstützt werden?" wurde ein Kundenbedürfnis angesprochen, das in der heutigen Wirtschaft vermehrt aufkommt: Das Bedürfnis nach einem optimalen Informations- und Wissensaustausch innerhalb einzelner Firmen und zwischen Firmen.

Kundenbedürfnis 1: Optimaler Informations- und Wissensaustausch.

Die heutigen Möglichkeiten der Informationstechnologie ermöglichen neue Arten der Speicherung und des Zugriffes auf die interne Wissensbasis und die Verknüpfung unterschiedlicher Datentypen. Technologielösungen alleine sind jedoch nicht ausreichend um die nötige Transparenz innerhalb von Firmen schaffen zu können. Mit der Ergänzung des Faktors Mensch werden im persönlichen Gespräch dessen Erfahrung anderen Firmenmitgliedern zur Verfügung gestellt und bewertet. Damit diese Gespräche ermöglicht werden können, bedarf es einer Plattform, auf welcher sich der „Wissensanbieter" mit dem „Wissensnachfrager" treffen und austauschen kann. Diese Plattform muss einen flexiblen Informationsaustausch ermöglichen und die **Qualität der Gespräche** so wenig wie möglich beeinträchtigen.

Das „Institut for Research on Learning" (IRL) in Menlo Park, Kalifornien, eine Aussenstelle des berühmten Palo Alto Research Center von Xerox, untersuchte unter anderem auch die **Qualität von Gesprächen**. Das IRL hat festgestellt, dass „Lernen" in Organisationen in den meisten Fällen nicht formalen Strukturen

---

[14] http://www.theclimategroup.org/programs/ict/

zugeordnet werden kann und auch nicht formalen elektronischen Netzen. Lernen geschieht (wird hervorgerufen oder vereitelt) durch informelles „Weitererzählen" in „Arbeitsgruppen", wie es vom IRL bezeichnet wird. Die Forscher von IRL haben zum Beispiel entdeckt, dass gedankenloses Re-engineering mit dem Ziel ausserordentlicher Effizienzsteigerung eine ganze Organisation lahmlegen kann, wenn es unbedachterweise die „Arbeitsgruppen" zerstört, welche die Grundlage für das kollegiale Lernen bildeten.[15]

Die Plattform um dieses grundsätzliche Kundenbedürfnis zu befriedigen kann mit modernen Kommunikations- und Kollaborationslösungen zur Verfügung gestellt werden. Für die erfolgreiche Umsetzung und Nutzung bedarf es zusätzlich einer strategischen Ausrichtung der Firmenkultur, welche einen möglichst natürlichen Informationsfluss innerhalb der Firma unterstützt und das Wissen so für alle Wissensnachfrager zugreifbar macht und zwar unabhängig von der Firmenhierarchie. Dabei muss zur Optimierung der virtuellen Kollaboration ein Kulturwandel herbeigeführt und gelebt und nicht nur als Management Aufgabe betrachtet werden. „Information und Kommunikation können meines Erachtens besser verstanden werden, wenn man sie nicht als (Management)Aufgabe ansieht, sondern als Medium, mittels welchem die Aufgaben erfüllt werden." (Malik, 2006)

Kundenbedürfnis 2: Firmenkultur für moderne und effiziente Kollaboration bilden und Firmenweit etablieren.

Diese zwei festgehaltenen Kundenbedürfnisse in Bezug auf Kommunikations- und Kollaborationsanwendungen wurden in drei Anwendungsbereiche unterteilt:

Virtuelle Meetings: Bei dieser Anwendung wird der verbale Informationsaustausch in physikalischen Meetings durch Virtuelle Meetings ergänzt oder gar ersetzt. Aus Technologiesicht werden vier Anwendungen unterschieden:

---

[15] http://www.ewenger.com/pub/pubpapers.htm

- Interne Virtuelle Meetings (mit Video): Firmeninterne Meetings bei denen ein Video Kanal zur Verfügung steht.
- Externe Virtuelle Meetings (mit Video): Meetings mit Externen Teilnehmern wie Partner, Contractor etc. bei denen ein Video Kanal zur Verfügung steht.
- Interne Virtuelle Meetings (ohne Video) und Externe Virtuelle Meetings (ohne Video)

Taskbearbeitung: Bei der Taskbearbeitung werden Arbeitsschritte in einem Team oder einer Gruppe von mehreren Mitarbeitern online oder offline bearbeitet. Dabei braucht es neben dem verbalen Informationsaustausch auch die Möglichkeit, gemeinsam an elektronischen Dokumenten zu arbeiten. Kollaborationslösungen wie Desktop sharing, Virtual Whiteboard, Wikis etc. sind hier aufgeschaltet.

- Interne Taskbearbeitung: Firmeninterne Taskbearbeitung
- Externe Taskbearbeitung: Taskbearbeitung bei denen in einzelnen Arbeitsschritten externe Teilnehmer integriert werden.

Informationsaustausch: Beim Informationsaustausch geht es primär darum, die angehäuften Informationen einem breiteren Kreis über verschiedene Medien zugänglich zu machen. Eines der grössten Probleme bei elektronischen Medien ist es, dass wenn ich zum Beispiel aus einem Video eine einzelne Information hören will, ich zuerst den ganzen Video durchgehen muss. Hier wird eine Lösung gebraucht, mit welcher einzelne Sequenzen ge-tagged werden können. Dabei können die Roh-Daten weiter angereichert werden, wie es hier anhand der „*D I K W*" Hierarchie stichwortartig umschrieben wird:

*D*ata: Dies bezeichnet die Roh-Daten (Data) die gesammelt werden.

*I*nformation: Die Roh-Daten werden sinnvoll zueinander in Relation gestellt und die dadurch hergeleitete Information kann zur Beantwortung von Fragen eingesetzt werden, welche mit „wer", „was", „wo" oder „wenn" beginnen.

*K*nowledge: Die Information wird durch den Praxiseinsatz und mit der daraus entstehenden Erfahrung zu Wissen (Knowledge) angereichert. Mit diesem Wissen können Fragen die mit einem „wie" anfangen beantwortet werden.

*W*isdom: Das Wissen führt durch den Einsatz der Wissensanbieter und deren Reflexion beim Praxiseinsatz zu Klugheit (Wisdom).

Generell wird beim Informationsaustausch unterschieden ob es um einen Austausch innerhalb der Firma geht (Interner Informationsaustausch) oder um einem Austausch mit externen Firmen und Partnern (Externer Informationsaustausch). In beiden Fällen ist es erforderlich, dass die Informationen und das Wissen entsprechend gekennzeichnet werden und auch die Sicherheitsanforderungen berücksichtigt werden (Kerntechnologie: Metadata Tagging)

Marktsegmentierung der Kunden für Kommunikations- und Kollaborationslösungen

Die Marktsegmentierung wurde nach unterschiedlichen Gesichtspunkten betrachtet:

- Firmen-interne Kommunikation und Kollaboration:
- Globale Firmen
- schweizweit verteilte Firmen
- Gebäudeverteilte Firmen

Firmen-externe Kommunikation und Kollaboration:

- Systemlieferanten
- Partner
- GU
- Kunden
- Freelancer

Unterteilung nach Einsatzgebiet:
- Wirtschaft
- Öffentlicher Sektor
- Privater Alltag

Unterteilung nach Organisationsstruktur:
- Global-operierend (CH-übergreifend)
- Landesweit-operierend
- Gemeindeweit-operierend

Unterteilung nach Grösse der Unternehmung: Gemäss dem Bundesamt für Statistik werden die Unternehmungen in der Schweiz in folgende vier Klassen unterteilt:
- KMU Mikrounternehmen
- KMU Kleine Unternehmen
- KMU Mittlere Unternehmen
- Grosse Unternehmen

Die Anzahl der Unternehmungen pro Grössenklasse im Jahr 2008 und die durchschnittliche Anzahl der Beschäftigten kann der folgenden Abbildung entnommen werden:

Marktwirtschaftliche Unternehmen und Beschäftigte nach Grössenklassen, 2008

Grössenklassen nach Vollzeitäquivalenten	Unternehmen Anzahl	%	Beschäftigte Anzahl	%
KMU (bis 249)	311'707	99.6	2'327'802	66.6
Mikrounternehmen (bis 9)	272'346	87.1	869'206	24.9
Kleine Unternehmen (10-49)	33'183	10.6	760'780	21.8
Mittlere Unternehmen (50-249)	6'178	2.0	697'816	20.0
Grosse Unternehmen (250 und mehr)	1'154	0.4	1'166'269	33.4
Total	312'861	100.0	3'494'071	100.0

Quelle: Betriebszählung 2008

Stand der Daten 29.03.2010

Durchschnittliche Anzahl Beschäftigte pro Unternehmen (marktwirtschaftliche Unternehmen), 2008

Sektor 2	14.6
Sektor 3	10.1
Gesamtdurchschnitt	11.2

Quelle: Betriebszählung 2008

Stand der Daten 29.03.2010

Abbildung 7: Unternehmen und Beschäftigte nach Grössenklassen[16]

Eine weitere Unterteilung der Unternehmen nach Regionen sieht gemäss dem Bundesamt für Statistik folgendermassen aus:

---

[16] http://www.bfs.admin.ch/bfs/portal/de/index/themen/06/02/blank/key/01/groesse.html

Marktwirtschaftliche Unternehmen nach Grossregion und Grössenklasse, 2008   T 6.2.1.3

	Anzahl Unternehmen mit ... Vollzeitäquivalenten					Total	
	0 - 9	10 - 49	50 - 249	Total 1) 0 - 249	>249	Unternehmen	Beschäftigte 2)
Total	272 346	33 183	6 178	311 707	1 154	312 861	3 494 071
Genferseeregion	50 921	6 009	986	57 916	188	58 104	570 060
Espace Mittelland	53 437	6 937	1 246	61 620	234	61 854	759 553
Nordwestschweiz	35 329	4 042	868	40 239	192	40 431	529 390
Zürich	50 386	5 882	1 221	57 489	267	57 756	745 062
Ostschweiz	38 678	5 042	872	44 592	138	44 730	430 588
Zentralschweiz	29 200	3 646	658	33 504	97	33 601	321 885
Tessin	14 395	1 625	327	16 347	38	16 385	137 533

1) Klein- und Mittelunternehmen
2) inkl. Teilzeitbeschäftigte

Stand: 29. März 2010
Quelle: Bundesamt für Statistik, Betriebszählung

Abbildung 8: Unternehmen nach Grössenregionen[17]

1.4 Technologien für Kommunikations- und Kollaborationslösungen

Für die weiterführende Unterteilung der Kommunikations- und Kollaborationstechnologien wurde die Kollaborationsarchitektur von Cisco verwendet. Diese beschreibt die verschiedenen Services, Anwendungen und mit welchen Endgeräten diese genutzt werden können.[18]

Diese Architektur unterscheidet folgende „Collaboration Services", im Weiteren als **Kerntechnologien** bezeichnet:

Real-time Messaging	Real-time Data Sharing
Authoring	Recording/Playback
Presence / Location	Session Management
Scheduling and Calendaring	Workflow

---

[17] http://www.bfs.admin.ch/bfs/portal/de/index/themen/06/02/blank/key/01/groesse.html

[18] http://www.cisco.com/en/US/solutions/ns340/ns858/ent_collaboration_archit.html;
http://www.cisco.com/en/US/netsol/ns1007/architecture.html

Metadata Tagging	Social Graphing
Semantic Processing	Search

Tabelle 2: Kerntechnologien / Collaboration Services

Diese Kerntechnologien stehen folgenden Kommunikations- und Kollaborationsanwendungen zur Verfügung:

Conferencing
Enterprise Social Software
Messaging Customer Care
IP Communications
Telepresence

Tabelle 3: Kommunikations- und Kollaborationsanwendungen

Diese Anwendungen können auf folgenden Gerätekategorien eingesetzt werden:

Desktop	Mobile	In-Room

Tabelle 4: Kerntechnologien / Collaboration Services

1.5 Morphologischer Kasten

In einem Morphlogischen Kasten wurden die verschiedenen Definitionen der Analyse zusammengefasst und in einem interaktiven Prozess in die weitere Erarbeitung der Diplomarbeit einbezogen.

Kunden	Kundenbedürfnisse	Anwendung	Dienstleistung	Technologie
Einsatzgebiet	Interne Virtuelle Meetings (mit Video)	1:1 Konferenz	Einstellung von Konzepten	Real-Time Messaging
Wirtschaft	Externe Virtuelle Meetings (mit Video)			Real-Time Data sharing
Öffentlicher Sektor		1:many Konferenz	Beratung bei der Implementierung	Authoring
Privater Alltag	Interne Virtuelle Meetings (ohne Video)			Recording/Playback
	Externe Virtuelle Meetings (ohne Video)	Intern Social Media	Beratung bei der Evaluation	Presence/Location
Firmenstruktur		Extern Social Media		Session Management
Global operierend	Interne Taskbearbeitung		Technologie Coaching	Scheduling and Calendaring
Landesweit operierend	Externe Taskbearbeitung	Messaging Customer Care		Workflow
Gemeindeweit operierend			Beratung bei der Integration in die	Meta Data Tagging
	Interner Informationsaustausch	IP Communications		Social Graphing
Firmengrösse	Externer Informationsaustausch			Semantic Processing
Gross Firmen		Telepresence		Search
KMU				
Einzelfirmen				

Tabelle 5: Morphologischer Kasten

1.6 Marketing Mix Stichworte

Price:

Onsite-Preis, Offsite- Preis, Preis für Training / Schulung (inkl Vorbereitung)

Product:

Innovations Beratung, Analyse auf dem Markt, Technology Coaching, Consulting, Archtitecture, Motivations Coach, Training / Schulung, Stundenpool, Deliverable, Geschäfts- und Prozess Analyse (Anforderungen, Ziele und Messkriterien definition), Strategy Service, Design Service, Sales Engagement (Discover the Opportunity, Define Strategy), Kein Implementation Service, Kein Operation Service, Kollaborationskonzept für Management, Kollaborationskonzept für Mitarbeiter Informationen

Place (Vertrieb, Logistik):

Onsite, Offsite Sa- So, Weekend 8-20h, WebEX, Als Partner von einem Hersteller Dienstleistung anbieten (Pakete machen)

Promotion (Werbung, PR):

Twitter, Facebook, Eigene Webpage, Xing, Persönliche Empfehlung

People:

Einzelfirma oder GmbH

Processes:

Verrechnungsprozess, Kontoführung, Buchhaltung, Erreichbarkeit, Arbeitszeiten: Sonstige Geschäftsprozesse, Steueroptimierung

Diese Stichworte wurden im späteren Kapitel „Umsetzung" weiter ausformuliert und wurden nur vollständigkeitshalber hier aufgeführt.

2 Konkurrenz im Markt und eigene Unternehmung

2.1 Mitbewerberklassen

Die Konkurrenten im Markt werden in folgende Mitbewerberklassen unterteilt:

- Beratungsfirmen
- Service Provider mit einem Service Angebot
- Technologie Hersteller mit einem Service Angebot

Diese wurden anschliessend mit der eigenen Unternehmung verglichen (siehe Kapitel „Beurteilung der Mitbewerberklassen").

Beratungsfirmen

Verschiedene Beratungsfirmen bieten im Bereich der Kommunikations- und Kollaborationstechnologien ihre Dienstleistung an. Firmen wie ComConsult, Accenture sind hier gemeint.

Service Provider mit einem Service Angebot (Cloud Services)

Mit dem vermehrten Aufkommen von Cloud Services, sind auch im Bereich der Kommunikations- und Kollaborationstechnologien Firmen mit einem Dienstleistungskatalog im Markt. Dazu zählen Cisco/WebEX, Google, Yahoo, und Fabasoft. Da der Begriff Cloud Services oft auch in einem anderen als hier gemeinten Kontext verwendet wird, wurde anbei der Begriff konkretisiert wie er in dieser Diplomarbeit verwendet wird. Für eine Unterteilung der verschiedenen Cloud Services wurde auf die Definition vom National Institute of Standards and Technology (NIST) zurückgegriffen.[19]

Dabei werden folgende Cloud Deployment Modelle unterschieden:

Private Cloud: Diese werden dediziert für eine Firma betrieben. Teilweise werden diese von den Firmen selber oder von einer Outsourcing Firma unterhalten. Die dazu nötige Infrastruktur wird je nach Bedürfnis im Firmennetzwerk (on-premise) oder bei einem Service Provider platziert (off-premise).

Public Cloud: Public Cloud Services werden von einem Cloud Service Provider in seiner Infrastruktur installiert und von ihm betrieben. Die angebotenen Services stehen mehreren Firmen oder gar öffentlich zur Verfügung.

Hybrid Cloud: Dabei handelt es sich um eine Mischform von Private- und Public Clouds welche zu einem neuen Service Bundle zusammengeführt werden bei welchem Daten und Applikationen portiert werden können.

Community Cloud: Bei diesem Deployment Modell werden Infrastrukturen von mehreren Firmen gemeinsam aufgebaut und betrieben.

Bezüglich den verschiedenen Cloud Service Models wird auf die Definition vom NIST zurückgegriffen:

Infrastructure as a Service (IaaS): Bei IaaS können Firmen individuell Rechenleistung, Datenspeicher, Netzwerke und weitere Ressourcen von einem entsprechenden Service Provider beziehen. Dabei hat der Benutzer keine Kontrolle oder Zugriff auf die zur Verfügung gestellte Infrastruktur. Jedoch ist der Benutzer selber für den Unterhalt und die Kontrolle den von ihm eingesetzten Betriebssystemen, Anwendungen und Programmierumgebungen zuständig.

---

[19] http://www.nist.gov/itl/cloud/index.cfm

Platform as a Service (PaaS): Bei diesem Cloud Service Modell kann der Firmenbenutzer mittels definierten Schnittstellen Anwendungen selber anpassen und unterhalten. Auf die darunterliegende Infrastruktur kann von ihm nicht zugegriffen werden.

Software as a Service (SaaS): Bei SaaS kann ein Firmenbenutzer in den meisten Fällen über ein Portal auf die Anwendungen zugreifen und sie entsprechend anpassen. Dieser Zugriff erfolgt in den meisten Fällen via Web Browser. Dabei hat die Firma keinen Zugriff auf die unterliegende Infrastruktur und nur kontrollierten Zugriff auf seine Applikationen.

Technologie Hersteller mit einem Service Angebot

Dabei werden Firmen wie Cisco, Microsoft, Avaya und Polycom benannt, welche neben der Infrastruktur (HW/SW) auch Services anbieten. Diese Dienstleistungen werden oft auch als „Professional Services" bezeichnet.

2.2 Beurteilung der Mitbewerberklassen

Nr.	Kriterien (Beobachtungsbereiche)	Anmerkungen zu den Stärken und Schwächen des Kriteriums	Beratungsfirma			Service Provider			Hersteller		
			-	=	+	-	=	+	-	=	+
1	Bekanntheitsgrad	„Brand" und Reputation			X		X			X	
2	Know-how Technologie	Breitgefächertes Technologie Know-how		X				X			X
3	Know-how Geschäftsprozess Analyse	Fähigkeit der Integration des Technologie know-how ins Business			X					X	
4	Qualitätsbewusstsein	Erfolgreicher Abschluss des Beratungsmandates		X			X			X	
5	Kostenstruktur	Kein Overhead keine Stabsfunktionen		X			X			X	
6	Flexibilität	Grosse Flexibilität im Bezug auf die Beratungsbereiche und Engagement		X				X			X
7	Verfügbarkeit	Maximal 20% pro Woche			X		X			X	
8	Kundenorientierung	Kundenverständnis und effektive Einbringung der Kundensituation		X			X				X
9	Sicherheit	Resultate werden geliefert		X			X			X	
10	Unabhängigkeit	Unabhängiges Unternehmen, ohne Fremdbeteiligung			X	X			X		
Gesamtbeurteilung			0	5	2	2	4	2	0	6	3

Abbildung 9: Beurteilung der Mitbewerberklassen

Die Kriterien für die Beurteilung der Stärken und Schwächen wurden aus der Sicht des Kunden zusammengestellt und anschliessend pro Mitarbeiterklasse mit der neu zu gründende Firma bewertet. Bei der Bewertung wurden folgende Kriterien verwendet:

-   Schwäche der eigenen Firma gegenüber der Mitbewerberklasse
=   Weder Stärke noch Schwäche
+   Stärke der eigenen Firma gegenüber der Mitbewerberklasse

Anbei eine kurze Beschreibung der Kriterien:

Bekanntheitsgrad: Anhand des Bekanntheitsgrades beurteilt ein Kunde den „Brand" einer Beratungsfirma und deren Reputation.

Know-how Technologie: Anhand dem Technologie Know-how wird erkannt ob die Beratungsfirma in der eigenen IT Umwelt des Kunden zurechtkommen wird.

Know-how Geschäftsprozess Analyse: Anhand des Geschäftsprozess Analyse Know-how's eines Beraters bewertet ein Kunde dessen Fähigkeit ihre Geschäftsprozesse schnell zu verstehen.

Qualitätsbewusstsein: Anhand eines ausgeprägten Bewusstseins für den richtigen Qualitätsstandard, wird der Kunde vertrauen schöpfen, dass das Beratungsmandat erfolgreich, pünktlich und mit einem guten Resultat abgeschlossen werden kann.

Kostenstruktur: Anhand der Kostenstruktur kann ein Kunde aus einem Beratungsmandat erkennen, ob der Berater an einem nachhaltigen Engagement interessiert ist und seine Dienstleistungen unter marktgerechten Konditionen anbietet.

Flexibilität: Grosse Flexibilität im Bezug auf die Beratungsthemen und dem Umgang im geschäftlichen Alltag wird vermehrt Rechnung getragen, da viele Firmen eine Beratung nicht nur für die Erstellung einer Kollaborations-Strategie einfordern, sondern oft auf eine Gegebenheit reagieren müssen.

Verfügbarkeit: Durch die Verfügbarkeit vom Berater wird dem Kunden Wille und Interesse seitens des Beraters vermittelt.

Kundenorientierung: Durch eine ausgeprägte Kundenorientierung fühlt sich ein Kunde verstanden und sieht die Möglichkeit, sich und ihre Gegebenheiten effektiv einbringen zu können.

Sicherheit: Dass mit Sicherheit auch die richtige Berater-Ressource eingekauft wird ist dem Kunden sehr wichtig, weil ohne optimal passende Resultate die eigenen Fähigkeiten hinterfragt werden.

Unabhängigkeit: Die Unabhängigkeit des Beraters wird von einem Kunden deshalb sehr geschätzt, da in den meisten Firmen bereits irgendwelche Herstellerlösungen im Einsatz sind und er mit einem unabhängigen Berater diesbezüglich keine internen Widerstände aktiviert.

2.3 SWOT-Analyse der eigenen Unternehmung

Anhand der „Beurteilung der Mitbewerberklassen" haben sich je drei Stärken und drei Schwächen der eigenen Firma gegenüber den Mitbewerberklassen herauskristallisiert:

Strenght / Stärken:	Weaknesses / Schwächen:
Know-how Technologie	Bekanntheitsgrad
Flexibilität	Know-how Geschäftsprozess Analyse
Kundenorientierung	Verfügbarkeit

Tabelle 6: Stärken und Schwächen der eigenen Unternehmung

Die aufgeführten Stärken und Schwächen wurden in einer SWOT Analyse zu erkennbaren Chancen und Risiken überführt. Diese Betrachtung wurde aus der

Perspektive des Kunden durchgeführt um deren Bedürfnisse optimal erfassen und beschreiben zu können:

Opportunities / Chancen:

Durch ein vertieftes Verständnis des Kunden (Stärke: Kundenorientierung) können zusätzlich kulturelle Aspekte der zu beratenden Firma in die Beratung einbezogen werden. Dies ermöglicht der Beratungsfirma einen aktiven Beitrag zum Kundenbedürfnis 2 zu leisten, welches im Kapitel „Kundenbedürfnisse und Marktsegmentierung" aufgeführt wurde: **Firmenkultur für moderne und effiziente Kollaboration bilden und firmenweit etablieren.**

Durch die konsequente Nutzung der Kernkompetenz im Technologie Umfeld (Stärke: Know-how Technologie) wird dem Kunden der Mehrwert geboten die modernsten Technologielösungen für den Einsatz in seinem Unternehmen zu berücksichtigen.

Threats / Risiken:

Durch gezielte Weiterbildung und Praktische Erfahrung wird das theoretische Know-how in der Analyse von Geschäftsprozessen (Schwäche: „Know-how Geschäftsprozess Analyse") angereichert und vertieft. Gleichzeitig trägt die vorhandene Flexibilität (Stärke „Flexibilität") im Umgang mit dem Kunden dazu bei, dass ein aktiver Beitrag zum Kundenbedürfnis 1 (siehe Kapitel „ Kundenbedürfnisse und Marktsegmentierung") geleistet werden kann: **Optimaler Informations- und Wissensaustausch.**

Durch den Einsatz modernster „Social Media Networks" wird der Bekanntheitsgrad (Schwäche: Bekanntheitsgrad) der eigenen Firma erhöht. Dadurch werden Kommunikations- und Kollaborationstools für die eigene Unternehmung eingesetzt und im Umgang mit den Kunden optimiert und demonstriert (Motto: eat your own dog food).

Schwäche „Verfügbarkeit":

Diese Schwäche wurde in der SWOT Analyse NICHT betrachtet, jedoch im Kapitel „Umsetzung" berücksichtig.

Stärken	Chancen
1.Flexibilität 1.Kundenorientierung	1. Durch ein tiefgreifendes Verständnis des Kunden (Stärke: Kundenorientierung) können auch kulturelle Aspekte der zu beratenden Firma in die Beratung eingebracht werden. Dies ermöglicht einen aktiven Beitrag zum Kundenbedürfnis 2 zu leisten. Kundenbedürfnis 2: Firmenkultur für moderne und effiziente Kollaboration bilden und Firmenweit etablieren.
Schwächen	**Risiken**
1.Know-how Geschäftsprozess Analyse	1. Durch gezielte Weiterbildung und Praktische Erfahrung kann das theoretische Know-how im Analisieren von Geschäftsprozessen (Schwäche: „Know-how Geschäftsprozess Analyse") angereichert und vertieft werden. Gleichzeitig trägt die vorhandene Flexibilität (Stärke „Flexibilität") im Umgang mit dem Kunden dazu bei, dass ein aktiver Beitrag zum Kundenbedürfnis 1 geleistet werden kann. Kundenbedürfnis 1: Optimaler Informations- und Wissensaustausch.

Abbildung 10: SWOT Analyse der eigenen Unternehmung (Teil 1)

Stärken	Chancen
1.Know-how Technologie	1. Durch die konsequente Nutzung der Kernkompetenz im Technologie Umfeld (Stärke: Know-how Technologie) wird dem Kunden der Mehrwert geboten die modernsten Technologielösungen für den Einsatz in seinem Unternehmen berücksichtigen zu können.
Schwächen	**Risiken**
1.Bekanntheitsgrad	1. Durch den Einsatz modernster Social Media Networks wird der Bekanntheitsgrad (Schwäche: Bekanntheitsgrad) erhöht. Dadurch werden Kommunikations- und Kollaborationstool für die eigene Unternehmung eingesetzt und im Umgang mit den Kunden optimiert und demonstriert (Firmenmotto: eat your own dog food).

Abbildung 11: SWOT Analyse der eigenen Unternehmung (Teil 2)

2.4 „Five Forces" Analyse

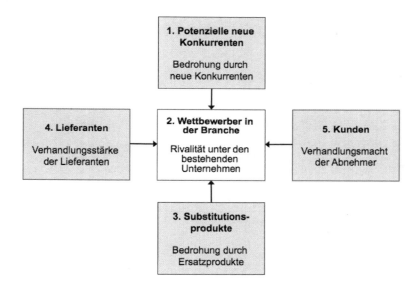

Abbildung 12: Elemente der Branchenstruktur

Folgende Elemente der Branchenstruktur nach Michael Porter (Porter, 2000) wurden untersucht:

Bedrohung durch neue Anbieter: Der aktuelle Trend zum Outsourcing stärkt insbesondere die Service Provider und neue Dienstleistungsanbieter müssen erwartet werden. Aufgrund des attraktiven Marktpotentials für Kommunikations- und Kollaborationslösungen ist damit zu rechnen, dass auch neue Beratungsdienstleistungen auf den Markt kommen werden.

Rivalität unter den bestehenden Unternehmen: Innerhalb der Mitbewerberklassen ist generell mit starker Konkurrenz zu rechnen. Zwischen den Mitbewerbern ist ebenfalls mit starker Rivalität zu rechnen. Vermehrt versuchen Hersteller, ihre „Professional Services" Abteilung mit der HW/SW

Lösung zusammen anzubieten und treten dadurch den Beraterfirmen und Service Providern entgegen.

Bedrohung durch Ersatzprodukte: Für die Hersteller von Hard- und Software besteht eine ernstzunehmende Substitutionsgefahr durch Dienstleistungen der Service Provider.

Verhandlungsstärke der Lieferanten: Es werden keine Lieferanten benötigt.

Verhandlungsmacht der Abnehmer: Der Endkunde hat die Wahl einen Berater aus drei verschiedenen Mitbewerberklassen auszuwählen. Durch die Rivalität unter den Anbietern ist vermehrt mit Preisdruck zu rechnen.

3 Umsetzung

3.1 Grundstrategie und Firmenziele

Ausgehend vom steigenden Bedürfnis nach ganzheitlichen Problemlösungen und die damit einhergehende Veränderung des Marktes für Kommunikations- und Kollaborationslösungen wird die neue Beratungsfirma mit einem Systemansatz die Kundenbedürfnisse bearbeiten.

„Es gehört zu den hervorstechenden Merkmalen von Systemen, dass obwohl jedes Ganze aus Teilen besteht, die Teile nicht isoliert verstanden werden können. Jeder Teil erhält seinen Sinn und seine Funktion erst als Element des Ganzen. Man kann die Teile einer Systemganzheit daher auch nicht einzeln analysieren oder gestalten, sondern im Zusammenhang mit anderen Teilen." (Bleicher, 2004)

Dazu werden die Kundenbedürfnisse nicht nur aus der technologischen und prozessorientierten Sicht betrachtet, sondern ebenso die geschäftsrelevanten Aspekte einbezogen, damit eine möglichst komplette Sicht der zu beratenden Firma entsteht. Die Technologischen Entwicklungen werden von der Beratungsfirma als Potential für Innovationen stetig weiterverfolgt und in die Beratungsarbeit integriert.

Effizienzführer / Anwenderspezialist / Kundenspezialist

Die Grundstrategie der Firma ist auf die eines Effizienzführers ausgerichtet. Dieses Ziel wird erreicht indem in der Firma weder Overhead noch Stabsfunktionen unterhalten werden. Mit der dadurch erreichten Effizienz wird beim Kunden eine einzigartige und klar differenzierte Beratungsdienstleistung erbracht. Dies steigert nachhaltig die Bedürfnisintensität.

Firmenziele

- Kundenzufriedenheit
- Hohes Qualitätsbewusstsein
- Tiefe Fixkosten
- Systemorientierter Ansatz bei der Beratung

3.2 Firmenorganisation

3.2.1 Grundsätzliche Firmenorganisation

Rechtliche Form: Einzelfirma oder GmbH

Infrastruktur: Kollaborationstools für Kundenkontakt und Virtuelle Meetings (WebEX, Mobiltelefon), Computer, Storage, Drucker, Home-Office Infrastruktur.

Administration: Verrechnungsprozess, Kontoführung, Buchhaltung, Erreichbarkeit, Arbeitszeiten, sonstige Geschäftsprozesse, Steueroptimierung, Sicherheitskonzept für Kundendaten

Verfügbarkeit für Kunden: Mobiltelefon, Email, Chat

3.2.2 Dienstleistungen

Als Dienstleistung werden folgende Dienstleistungspakete (kurz Pakete) zu einem einheitlichen, noch zu definierenden Preis angeboten:

„Onsite" Paket: 4 Tage à 8h Arbeitszeit + 2h Anreise

„Offsite" Paket: 4 Tage à 10h Arbeitszeit

Beim „Offsite" Paket bekommt der Kunde zwei Stunden mehr produktive Ressourcen weil die Anreise vermieden werden kann. Weitere Dienstleistungen wie Stundenpools und Pauschalpakete müssen bei Kundenwunsch definiert werden. Ebenso gilt es zu überlegen, ob die Dienstleistungspakete anhand des Themas preislich unterschieden werden soll. Die Themen für Pakete und weitere noch zu definierende Dienstleistungen sollen eine breite Palette umfassen:

- Innovations-Beratung
- Technology-Coaching
- Technology-Consulting
- Kommunikations- und Kollaborationsarchitektur
- Geschäfts- und Prozess Analyse (Anforderungs-, Ziel- und Messkriteriendefinition)
- Strategie und Design Service

Mögliche Themen für Pauschalpakete sind:

- Kollaborationskonzept für Management und Mitarbeiter
- Training / Schulung / Coaching für Management und Mitarbeiter
- Produktivitätssteigerung mit modernen Kommunikations- und Kollaborationslösungen
- Best practice sharing: Was muss bei der Auswahl technologischer Hilfsmittel berücksichtigt werden?

3.2.3 Lohn- und Kapazitätsberechung

Das Einstiegsszenarium für die Lohnberechnung basiert auf 20% Arbeitsleistung (10h Aufwand pro Arbeitswoche) im Arbeitsbereich der deutschsprachigen Schweiz. Da keine vergleichbaren Daten von anderen Beratungsfirmen verfügbar waren, wurden für die Ziellohnberechnung zwei pragmatische Ansätze gewählt.

Die erste Berechnung (**Lohnberechnung Statistisch**) basiert auf Daten welche vom Bundesamt für Statistik erhoben wurden. Diese beziehen sich auf Unternehmungen verschiedener Grösse der Informationsindustrie und weisen den Bruttolohn und deren Spannweite aus. Diese Berechnung gab einen Hinweis auf die Löhne, welche Unternehmungen für interne Mitarbeiter zu zahlen bereit sind.

Für die zweite Berechnung wurde der durchschnittliche Bruttolohn des Verfassers über die letzten drei Jahre berechnet (Lohnberechnung Persönlich). Diese Berechnung gab die untere Limite an womit der Lohnausfall des Verfassers von 20% mit dem Betreiben der neuen Firma wieder ausgeglichen werden kann.

Lohnberechnung Statistisch

Die erste Ziel-Lohnberechnung wurde anhand der Applikation „Salarium" vom Bundesamt für Statistik erstellt.[20]

Dabei wurde ein Profil mit den passenden Angaben ausgefüllt. Mit diesem wurde dreimal der Lohn von Mitarbeitern bei unterschiedlich grossen Unternehmungen berechnet. Einmal für eine Unternehmung mit weniger als 20 Beschäftigten, einmal bei einer Unternehmung mit 20-49 Beschäftigten und einmal für Firmen mit 50 oder mehr Beschäftigten. Anbei die Eingabe- und Ausgabemasken dieser Berechnung:

---

[20] http://www.lohnrechner.bfs.admin.ch/Pages/SalariumWizard.aspx?lang=de

Abbildung 13: Profil für Salarium Lohnrechner

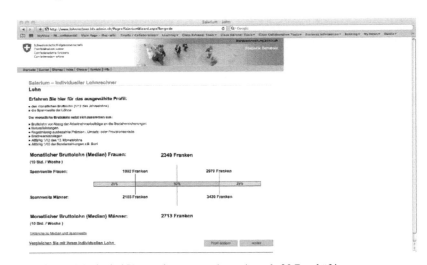

Abbildung 14: Lohn bei Unternehmungen mit weniger als 20 Beschäftigten

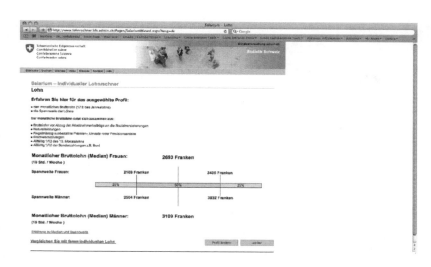

Abbildung 15: Lohn bei Unternehmungen mit 20-49 Beschäftigten

Abbildung 16: Lohn bei Unternehmungen mit mehr als 50 Beschäftigten

Lohnberechnung Persönlich

Bei der Persönlichen Lohnberechnung wurde das durchschnittliche Jahressalär über drei Jahre gerechnet.

- Jährlicher Durchschnitt: 18'3811 CHF
- Monatlicher Durchschnitt: 15'318 CHF
- 20% vom jährlichen Durchschnitt: 36'762 CHF
- 20% vom monatlichen Durchschnitt: 3'063 CHF

Zusammenfassung Lohnberechnung

Bei der Statistischen Lohnberechung wurde der Wert genommen (Median), welcher für 50% der Mitarbeiter ausbezahlt wird die ein ähnliches Profil wie der Verfasser haben.

- 2713 CHF/Brutto pro Monat, bei Unternehmungen mit weniger als 20 Beschäftigten
- 3109 CHF/Brutto pro Monat, bei Unternehmungen mit 20-49 Beschäftigten
- 3197 CHF/Brutto pro Monat, bei Unternehmungen mit 50 und mehr Beschäftigten
- 3063 CHF/Brutto pro Monat, persönliches Einkommen in der heutigen Tätigkeit

Das persönliche Einkommen aus der heutigen Tätigkeit wird als untere Lohnlimite definiert und weiter verwendet. Die statistischen Werte werden nicht verwendet und dienten nur dem Zweck das persönliche Einkommen zu vergleichen und die Kundensegmente zu definieren. **Somit liegt die definierte untere Lohnlimite bei 3063 CHF pro Monat.**

Für die Berechnung der Kapazität wurden folgende persönliche Annahmen getroffen:
- Aufgrund von Ferien und Feiertagen werden 10 Monate pro Jahr gearbeitet.
- Über ein Jahr verteilt, gelten 21 Tage pro Monat als Arbeitstage

- Für die Berechnung werden durchschnittlich 4.2 Tage (20%) pro Monat genommen.
- Als durchschnittliche Arbeitszeit werden 10 Stunden genommen.

Damit ergibt sich eine **Kapazität von 420 Stunden** pro Jahr für die neu zu gründende Firma. Diese Zeit wird für Kunden- und für Administrationsarbeiten eingesetzt.

3.2.4 Kundensegmente

Anhand der Lohnberechnung wurde festgestellt, dass in Firmen mit weniger als 20 Mitarbeitern, der geforderte persönliche Lohn des Verfassers höher als der statistische Durchschnit t der ausbezahlten Löhne bei den Firmen ist. Dies wurde als Entscheidungsgrundlage genommen die Segmente einzuschränken und haben zum Ausschluss der Kundensegmente „Private Haushalte" und „KMU Mikrounternehmen" geführt. Somit wurden die Unternehmensgrössen „KMU Kleine Unternehmen", „KMU Mittlere Unternehmen" und „Grosse Unternehmen" als weiter zu betrachtende Kundensegmente definiert.

Ein weiterer Entscheid bezüglich der Kundensegmentierung wurde anhand der **SWOT Analyse** getroffen. Damit das darin erkannte Risiko des fehlenden Know-how's bei der Geschäftsprozessanalyse minimiert werden kann soll vermehrt in diesem Bereich praktische Erfahrung gesammelt werden. Anhand der hohen Komplexität der Geschäftsprozesse bei den Kundensegmenten „KMU Mittlere Unternehmen" und „Grosse Unternehmen" versprechen diese Kundensegmente den höchsten Nutzen dieses Ziel zu erreichen.

Die in der SWOT Analyse erkannte Chance führte zu einer weiteren Segmentierung anhand der Firmenstruktur. Damit die Kundennähe einen Mehrwert für den Kunden bietet, wird insbesondere ein Focus auf Landesweit-tätige und Global-tätige Kunden gelegt um das erkannte Kundenbedürfnis 2 im Kapitel „Kundenbedürfnisse und Marktsegmentierung" zu befriedigen:

Kundenbedürfnis 2: Firmenkultur für moderne und effiziente Kollaboration bilden und Firmenweit etablieren.

Eine Kundensegmentierung nach Einsatzgebiet in den Bereichen Wirtschaft, öffentlicher Sektor und privater Haushalt wurde nicht berücksichtigt.

Eine Kundensegmentierung nach Region wurde anhand **Abbildung 8** durchgeführt. Dabei werden die Unternehmungen in den Regionen Zürich, Ostschweiz, Nordwestschweiz, Mittelland und Zentralschweiz in der Segmentierung berücksichtigt.

Trotz der Kundensegmentierung werden weiterhin alle Kundensegmente periodisch analysiert und nach Gelegenheiten gesucht in neuen Segmenten das Kundenbedürfnis 1 zu befriedigen. **Kundenbedürfnis 1: Optimaler Informations- und Wissensaustausch.**

Zusammenfassung Kundensegmente

- Kundensegment 1 mit 4'865 KMU Mittlere Unternehmen
- Kundensegment 2 mit 928 Grossen Unternehmen

3.2.5 Kostenberechnung

Jährliche Fix Kosten

Managementkosten:

- 36'762 CHF: Lohnkostenausfall von 20% bei der Hauptbeschäftigung
- Infrastruktur:
- 600 CHF: Web-Auftritt (Budgetiert)
- 600 CHF: Kosten für die Marketinginstrumente (Budgetiert)
- 120 CHF: Software Kosten (Mobile Me)
- 1200 CHF: Druckertoner, Briefpapier, Telefonanschluss etc. Ansonsten fallen keine Bürokosten an, weil die Home-Office Infrastruktur

(Wohnung, Möbel, Internetanschluss) bereits durch die heutige Tätigkeit finanziert wird.

- 39'282 CHF: Total jährliche Fix Kosten für 420h Kapazität.

Variable Kosten

Bei den aufgeführten Variablen Kosten fallen nur Aufwände an, welche in Anzahl Stunden geschätzt werden.

Initial Meetings bei potentiellen Kunden:

- 2h Aufwand: Reisekosten (Keine Fahrtkosten weil das SBB GA über die heutige Tätigkeit bereits finanziert)
- 2h Aufwand: Verkaufsgespräche beim potentiellen Kunden (inkl. Telefonate)
- 4h Aufwand: Kosten für jedes Meeting bei einem potentiellen Kunden.

Kostenvoranschlag für potentielle Projekte erstellen:

- 2h Aufwand: Aufwand pro Kostenvoranschlag für ein potentielles Projekt.

Zusammenfassung Kosten

- 39'282 CHF: Total jährliche Fix Kosten für 420h Kapazität.
- 6 Stunden Aufwand pro Kostenvoranschlag / Initial Meeting für ein potentielles Projekt.

3.3 Go-To-Market (GTM) Strategie

3.3.1 Grundsätzliches zur GTM Strategie

Für den Markteintritt der Beratungsfirma wurden zwei GTM Strategien in Betracht gezogen. Gemäss der ersten Betrachtung wurde der Markteintritt als **Nebenbeschäftigung** durchgeführt, bei der Zweiten als **Hauptbeschäftigung**. Die erste Strategie (Nebenbeschäftigung), wurde aufgrund der aktuellen Anstellungssituation des Verfassers als **Markteinstieg** definiert und über drei

Jahre in die Kalkulation und die weiteren Überlegungen einbezogen. Nach diesen drei Jahren wird entschieden, ob die Firma weiterhin als Nebenbeschäftigung oder als Hauptbeschäftigung geführt werden soll.

3.3.2 Investitionen Marketingstrategie

Aufwand für Administration, Marketing und Firmensetup im ersten Geschäftsjahr:

- 19'641 CHF: Entspricht 210h (oder 50%) der zur Verfügung stehenden Stunden. Aufwand für Administration und Marketing im zweiten Geschäftsjahr:
- 7856.40 CHF: Entspricht 20% der zur Verfügung stehenden Stunden. Aufwand für Administration und Marketing im dritten Geschäftsjahr:
- 7856.40 CHF: Entspricht 20% der zur Verfügung stehenden Stunden.

Infrastruktur fürs erste Geschäftsjahr (proportionale Abschreibung auf 3 Jahre):

- 500 CHF: Handy
- 1'000 CHF: iPAD
- 1'500 CHF: Total für Infrastruktur

Somit werden im ersten Geschäftsjahr 21'141 CHF investiert im zweiten und dritten Geschäftsjahr je 7'856.40 CHF. Damit wird eine Investition von 36'853.80 CHF für den Markteinstieg getätigt.

3.3.3 Preisbildung / BEP für Marteinstieg

Variante 1: Markteinstieg

Bei dieser Variante wird für die ersten drei Jahre nach dem Markteintritt angenommen, dass die Konjunktur stabil bleibt und der Markt leicht weiter wächst. Im ersten Jahr können keine Dienstleistungspakete verkauft werden. Im Zweiten und Dritten je 80% der für potentielle Kunden zur Verfügung stehenden Stunden. Somit stehen für die Kalkulation 672 Stunden zur Verfügung die in

Kundenbearbeitung investiert werden können. Abschliessend wird angenommen, dass jeder Kostenvoranschlag (plus vorgängigem Initial Meeting) den Verkauf von einem Dienstleistungspaket generiert. Der Aufwand pro Paket beträgt 46 Stunden. Die Kapazität an Stunden über die drei Jahre beträgt 1260 Stunden (**Maximale Kapazität**). Der **Fixe Aufwand** für das Betreiben der Firma über die drei Jahre betragen 117'846 CHF oder die für diese Kalkulation verwendeten umgerechneten Zeiteinheiten von 588 Stunden. Für potentielle Kunden stehen somit 672 Stunden zur Verfügung welche zur Deckung des Fixen Aufwandes eingesetzt werden können. Für jeden potentiellen Kunde werden für das Initial Meeting und die Nachbearbeitung (Kostenvoranschlag) 6 Stunden voranschlagt (**Variabler Aufwand**), die nur indirekt verrechnet werden können. Der Aufwand ein Dienstleistungspaket beim Kunden umzusetzen wird als **Paket Aufwand** bezeichnet und beinhaltet 40 Stunden. Der Fixe Aufwand, der variable Aufwand und der Aufwand für die Pakete resultiert im **Kumulierten Aufwand**. In den folgenden vier Abbildungen ist jeweils auf der X-Achse die Anzahl potentieller Kunden aufgeführt. Auf der Y-Achse sind die Anzahl Stunden aufgeführt.

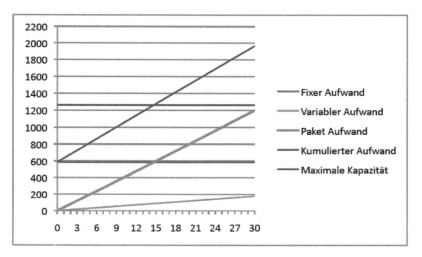

Abbildung 17: Deckung der jährlichen Fixkosten über drei Jahre (Variante 1)

Mit den 672 Stunden können 14 Dienstleistungspakete verkauft werden bei einem Aufwand von 14 Kundenbesuchen. Die addierten fixen Kosten über die drei Jahre von 117'846 CHF geteilt durch die Anzahl verkaufter Pakete ergibt den erforderlichen Deckungsbeitrag von 8'418 CHF pro Paket. Für den Kunden ist dadurch ein Stundenansatz von rund 210 CHF ersichtlich.

Variante 2: Markteinstieg

Bei dieser Variante wurde angenommen, dass jeder 3te Kostenvoranschlag (plus vorgängigem Initial Meeting) den Verkauf von einem Dienstleistungspaket generiert. Die restlichen Annahmen und Erklärungen sind gleich wie bei Variante 1.

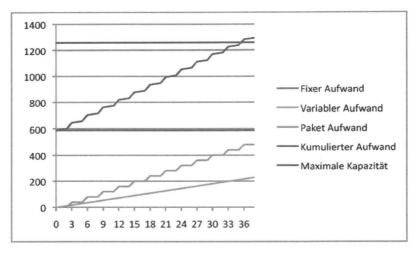

Abbildung 18: Deckung der jährlichen Fixkosten über drei Jahre (Variante 2)

Wenn bei jedem dritten potentiellen Kunden ein Dienstleistungspaket verkauft werden kann, können 36 Kundenbesuche mit der zur Verfügung stehenden Zeit von 672 Stunden durchgeführt und dabei 12 Pakete verkauft werden. Die Fixen Kosten von 117'846 CHF geteilt durch die 12 Pakete ergibt den erforderlichen Deckungsbeitrag von 9'820 CHF pro Paket. Für den Kunden ist dadurch ein Stundenansatz von rund 245 CHF ersichtlich.

Break-Even-Point (BEP) Markteinstieg

Es können mit der zur Verfügung stehenden Zeit **maximal** 14 Pakete verkauft werden. Der **minimale** Preis für ein Dienstleistungspaket ist damit 8'418 CHF um den Lohnausfall zu 100 % zu decken. Somit ist der **Break-Even-Point** bei dem Vollkostendeckung eintritt bei **14 Paketen** zu 8'418 CHF bei 117'846 CHF fixen Kosten. Dabei wird kein Gewinn gegenüber einer 100%igen Anstellung des Verfassers beim heutigen Arbeitgeber gemacht. Diese Rechnung gilt für die kumulierten ersten drei Jahre.

3.3.4 Preisbildung / BEP Folgejahr

Variante 1: Folgejahr

Das vierte Folgejahr wurde mit einem **Fixen Aufwand** für Administration und Marketing von 84 Stunden (7'856.40 CHF Lohnausfall) gerechnet. Dies entspricht 20% der **maximalen Kapazität** von 420 Stunden. Davon können 336 Stunden (31'425.60 CHF Lohnausfall) verrechnet werden. Bei der folgenden Kalkulation wurde angenommen, dass jeder Kostenvoranschlag (plus vorgängigem Initial Meeting) den Verkauf von einem Dienstleistungspaket generiert.

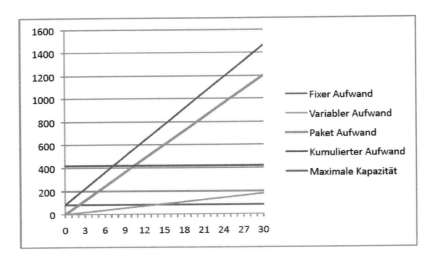

Abbildung 19: Deckung der jährlichen Fixkosten (Variante 1)

Mit den 336 Stunden können 7 Dienstleistungspakete verkauft werden bei einem Aufwand von 7 Kundenbesuchen (Schnittpunkt der Linien **Maximale Kapazität** und **Kumulierter Aufwand**). Die Kosten für den **Fixen Aufwand** von 39'282 CHF geteilt durch die Anzahl verkaufter Pakete ergibt den erforderlichen Deckungsbeitrag von 5'611 CHF pro Paket bei dem der **Break-Even-Point** erreicht wird. Für den Kunden ist dadurch ein Stundenansatz von rund 140 CHF ersichtlich.

Variante 2: Folgejahr

Bei dieser Variante wurde angenommen, dass jeder 3te Kostenvoranschlag (plus vorgängigem Initial Meeting) den Verkauf von einem Dienstleistungspaket generiert. Die restlichen Annahmen und Erklärungen sind gleich wie bei Variante 1 Folgejahr.

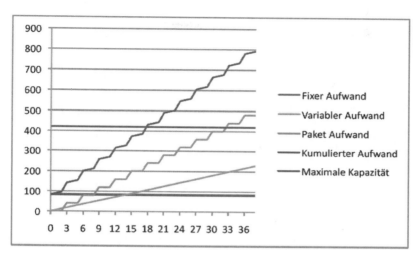

Abbildung 20: Deckung der jährlichen Fixkosten (Variante 2)

Wenn bei jedem dritten potentiellen Kunden ein Dienstleistungspaket verkauft werden kann, können 17 Kundenbesuche mit der zur Verfügung stehenden Zeit von 336 Stunden durchgeführt und dabei 5 Pakete verkauft werden. Die Fixen Kosten von 39'282 CHF geteilt durch die 5 Pakete ergibt den erforderlichen Deckungsbeitrag von 7'856 CHF pro Paket bei dem der **Break-Even-Point** erreicht wird. Für den Kunden ist dadurch ein Stundenansatz von rund 196 CHF ersichtlich.

Break-Even-Point Folgejahr

Es können mit der zur Verfügung stehenden Zeit **maximal** 7 Pakete verkauft werden wenn nach jedem erstellten Kostenvoranschlag ein Paket verkauft werden kann. Der **minimale** Preis für ein Dienstleistungspaket ist wird somit auf 5'611 CHF angesetzt um den Lohnausfall zu 100 % zu decken. Dabei ist der **Break-Even-Point** bei dem Vollkostendeckung eintritt bei **7 Paketen** zu 5'611 CHF Dabei wird kein Gewinn gegenüber einer 100%igen Anstellung des Verfassers beim heutigen Arbeitgeber gemacht. Diese Rechnung gilt für das erste Folgejahr.

3.4 Marketing Mix

3.4.1 Werbestrategie und Firmenmotto

Effektiver Informationsaustausch (siehe auch DIKW unter Kapitel „Kundenbedürfnisse und Marktsegmentierung") setzt die Fähigkeit zur effizienten Kollaboration voraus. Diese wird von Menschen, Arbeitsprozessen, Technischen Mitteln und Gemeinschaften/Kulturen eingesetzt um sich abzustimmen und miteinander an einem gemeinsamen Ziel zu arbeiten. Nur wer die Mittel zur Kollaboration beherrscht wird sich nachhaltig einen Marktvorteil verschaffen und halten können. Als Begründung dieser Aussage steht das Zitat von Charles Darwin:

„In the long history of human kind, those who learned to collaborate and improvise most effectively have prevailed."

Die Technischen Mittel sind nicht das Problem, die wahren Defizite liegen im vernetzten Denken beim Menschen. Als Prämissen dieser These wird vorausgesetzt, dass die Mittel zur Kollaboration verstanden und verfügbar sind.

Aus dieser These wurde das **Motto** für die Werbestrategie definiert:

„Wer Kommunikation beeinflussen will, muss Teil von ihr werden".

3.4.2 Marketingziele Einstiegsszenarium

Die in der SWOT Analyse erkannten Chancen und Risiken werden in einem Marketingkonzept für das Einstiegsszenarium konkretisiert. Darin wird auch die in der SWOT Analyse nicht beschriebene Schwäche im Bereich der Verfügbarkeit betrachtet. Vorerst eine Übersicht der Chancen und Risiken gemäss der SWOT Analyse.

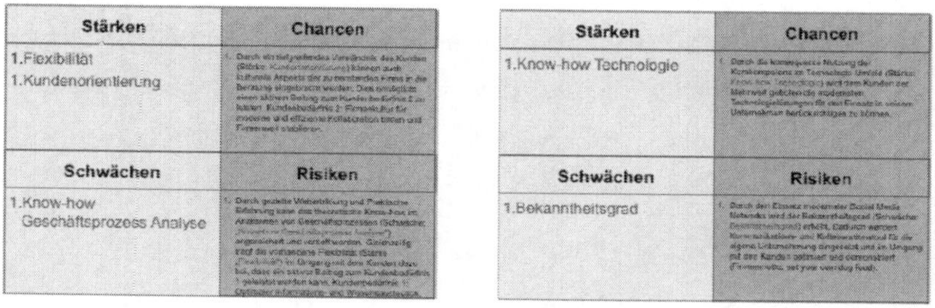

Abbildung 21: Zusammenfassung der SWOT Analyse

Schwäche: Bekanntheitsgrad

Die Steigerung des Bekanntheitsgrades wird durch Etablierung eines eigenen „Social Media Networks" angestrebt. Die Grundidee dahinter ist, eine „Collaboration Community" zu gründen. In dieser werden aktuelle Trends im Bereich Kommunikations- und Kollaborationslösungen diskutiert und von der Beratungsfirma moderiert. Dieses „Social Media Network" ist lose mit der Firmen Webpage verlinkt. Zusätzlich werden die Xing und LinkedIn Profile angepasst. Als abschliessende Massnahme wird ein Blog von der Firma unterhalten worin der Verfasser aktuelle Erfahrungen mitteilt und via Twitter verbreitet.[21]

Schwäche: Know-how Geschäftsprozess Analyse

Um das Know-how der Geschäftsprozesse zu steigern, wird in Aus-und Weiterbildung investiert.

Stärke: Kundenorientierung

Wer den Kunden an sich binden will, muss in Netzwerken denken. Dazu wird „Metcalfe's Law" zittiert welches besagt, dass der Nutzen eines Netzwerks im Quadrat der angeschlossenen Teilnehmerzahl steigt. Je mehr Nutzen ein Kunde aus dem ihm angebotenen Netzwerk ziehen kann, desto enger wird die

---

[21] www.ning.com

Kundenbindung. Dies steigert wiederum den Vertrauensbonus, die Sympathie und die Loyaliät. Menschliche Fähigkeiten wie Flexibilität, Eigenmotivation und psychologische Mobilität sind für den Berater sehr wichtig. Insbesondere der psychologische Teil von Kollaboration wird näher betrachtet. **Motto:** Nicht Marktanteil ist wichtig, sondern Anteil am Kunden!

Stärke: Technologie Know-how

Mit dem ausgeprägten Technologie Know-how im Kommunikations- und Kollaborationsumfeld wird beim Kunden die „digitale Transformation" unterstützt. Diese Bezeichnung umschreibt die Veränderung die auf Digitalität und Vernetzung basiert und im Wesentlichen folgende Kundenziele umfasst:

- Verbesserung der Prozesseffizienz
- Senkung von Prozesskosten
- Unterstützung wertschöpfender Unternehmungsaktivitäten
- elektronische Abstimmung und Steuerung von Geschäftsaktivitäten
- Weiterentwicklung von Einzellösungen durch Vernetzung
- Virtuelle Integration von Partner (Outsourcing)

Ziel der Beratungsfirma ist es die Voraussetzungen beim Kunden zu schaffen damit Informationen und Wissen überall im Unternehmen genutzt werden können.

Schwäche: Verfügbarkeit

Die als Nebenbeschäftigung geführte Firma erfordert ein effizientes Management um für den Kunden ansprechbar zu sein. Dazu werden die beim Absatz „Schwäche: Bekanntheitsgrad" aufgeführten Werkzeuge für eine „offline" Kommunikation mit dem Kunden eingesetzt. Dabei werden die unter dem Absatz „Stärke: Kundenorientierung" festgehaltenen Prinzipien angewendet. Das Hauptgewicht wird dabei auf den konsequenten Ausbau der „Collaboration

Community" gelegt. Mit dieser Investition wird dem Kunden die Möglichkeit angeboten, jederzeit seine Fragen platzieren zu können.

3.4.3 Weitere Strategische Optionen

Weitere Strategische Marketing und SGF Optionen wurden in dieser Diplomarbeit angedacht und werden für eine Konkretisierung für das erste Jahr des Markteinstieges eingeplant. Es sind dies folgende Optionen:

- Zusammenarbeit mit Herstellern.
- Zusammenarbeit mit Service Providern.
- Private Kollaboration: Pendler / Home-Office
- Private Kollaboration für ausländische Angestellten in der Schweiz

4 Zusammenfassung

Die in dieser Diplomarbeit verdichteten Informationen zeigen einen attraktiven Markt auf. Die Analyse dieser Informationen und eine betriebswirtschaftliche Betrachtung der Ergebnisse haben gezeigt, dass für den Verfasser die finanzielle Seite einer Firmengründung in den ersten drei Jahren nicht attraktiv ist. Der für eine Vollkostendeckung nötige Stundenansatz von 245 CHF ist zu hoch. Das heutige Einkommen mit einer eigenen Firma zu erreichen wird in dieser Zeitspanne anhand der gemachten Annahmen als „nicht-erreichbar" eingestuft. Die betriebswirtschaftliche Betrachtung hat aber auch aufgezeigt, dass ab dem dritten Jahr ein finanzieller Gewinn erwirtschaftet werden kann.

Zusammenfassung der Ergebnisse	1.-3. Jahr, Einstiegsjahre	4. Jahr Folgejahr
Kapazität in Stunden	1260	420
Fixer Aufwand in CHF Admin+Marketing	117846	39282
Fixer Aufwand in Stunden für Admin + Marketing	588	84
Verrechenbare Stunden	672	336
Anzahl mögliche Kundenbesuche Variante 1	14	7
Anzahl Pakete Variante 1: Annahme jeder Kundenbesuch>Paketverkauf	14	7
Paket Preis Variante 1	8418	5611
Für den Kunden sichtbarer Stundenansatz (40h pro Paket)	210	140
Anzahl mögliche Kundenbesuche	36	17
Anzahl Pakete Version 2: Annahme jeder 3. Kundenbesuch>Paketverkauf	12	5
Paket Preis Version 2	9820	7856
Für den Kunden sichtbarer Stundenansatz (40h pro Paket)	245	196

Tabelle 7: Zusammenfassung der Ergebnisse

Auf 5-7 Jahre betrachtet kann mit der Gründung der Beratungsfirma ein lukrativer Markt erschlossen werden bei dem Innovationsbereitschaft und Erfahrung eine Schlüsselrolle zugesprochen wird. Ein zusätzliches Potential kann durch die Bearbeitung der strategischen Optionen erwartet werden. Insbesondere der Bereiche „Zusammenarbeit mit Herstellern" wird anhand der   (durch die berufliche Tätigkeit des Verfassers einsehbaren) starken Wachstumsraten im HW/SW Verkauf als die strategische Option mit dem grössten Erfolgspotential eingestuft. Folgender Vorschlag für ein weiteres Vorgehen wurde abschliessend an dieser Stelle festgehalten:

Um das Risiko eines Lohnausfalles zu minimieren und die in diesem Business Plan festgehaltenen Rahmenbedingungen zu verfeinern, wird die beschriebene Umsetzung in einem **Pilotprojekt** durchgeführt. Dabei wird der unter Kapitel„ Investitionen Markteinstieg" errechnete Administrationsaufwand von 19'641 CHF für das erste Jahr vom Verfasser bereitgestellt. Der aufgerundete Betrag von 20'000 CHF dient als Startkapital zur Gründung einer GmbH. Davon wird eine erste Investition von 1'500 CHF für die nötige Infrastruktur getätigt. Der für das erste Jahr geschätzte Aufwand für Marketing und Firmensetup von 210 Stunden wird als Nebenbeschäftigung in der Freizeit erbracht. Als erste Tätigkeiten werden die im Kapitel „Marketingziele Einstiegsszenarium" aufgeführten Grundlagen erarbeitet und umgesetzt (insbesondere ein Marketingkonzept). Dazu gehören der Aufbau eines „Social Media Networks", einer eigenen Webpage und eines Blogs. Parallel dazu wird die Firma als GmbH gegründet und die für den Betrieb nötigen Geschäftsprozesse eingeführt und etabliert. Das Risiko mit diesem Vorgehen wird als minimal eingestuft, zumal keine unnötigen finanziellen Investitionen getätigt werden. Mit diesem Vorgehen können die in dieser Diplomarbeit erarbeiteten Schätzungen verifiziert und mit praktischen Werten ergänzt werden. Im Weiteren entsteht für den Verfasser ein maximaler Nutzen den er aus der „General Management" Ausbildung in den beruflichen Alltag überführen kann.

Literaturverzeichnis

Becker, J. (2009). Marketingkonzeption, Grundlagen des zielstrategischen und operativen Marketing-Managements. München, Deutschland: Verlag Franz Valen GmbH.

Bleicher, K. (2004). Das Konzept Integriertes Management, Visionen - Missionen - Programme. Frankfurt am Main, Deutschland: Campus Verlag GmbH.

Burgoon, J. K., Buller, D. B., & Woodall, W. G. (1996). Nonverbal Communication: The Unspoken Dialogue, (2nd edition ed.). New York: McGrwa Hill.

Cole, T. (2010). Unternehmen 2020, das Internet war erst der Anfang. München, Deutschland: Carl Hanser Verlag.

Gfeller, D., & Hasenböhler, R. (2004). Business Plan, New Product, New Market. Fribourg, Fribourg, Schweiz: Hochschule für Wirtschaft.

Keller, W. (2007). IT-Unternehmungsarchitektur, Von der Geschäftsstrategie zur optimalen IT-Unterstützung. Heidelberg, Deutschland: dpunkt.verlag.

Kerth, K., Asum, H., & Stich, V. (2009). Die besten Strategietools in der Praxis, Welche Werkzeuge brauche ich wann? Wie Wende ich sie an? Wo liegen die Grenzen? München, Deutschland: Carl Hanser Verlag.

Malik, F. (2006). Führen, Leisten, Leben, Wirksames Management für eine neue Zeit. Frankfurt am Main, Deutschland: Campus Verlag GmbH.

Metzger, C. (1996). Lern- und Arbeitsstrategien. Oberentfelden, Schweiz: Sauerländer Verlag.

Nagel, R., & Wimmer, R. (2009). Systemische Strategieentwicklung, Modelle und Instrumente für Berater und Entscheider. Stuttgart, Deutschland: Schäffer-Poeschel Verlag.

National Institute of Standards and Technology. (2010 йул 26-10). Retrieved 2010 йул 26-10 from http://csrc.nist.gov/groups/SNS/cloud-computing/

Nefiodow, L. A. (1997). Der Sechste Kondratieff, Wege zur Produktivität und Vollbeschäftigung im Zeitalter der Information. Sankt Augustin, Deutschland: Rhein-Sieg Verlag.

Porter, M. E. (2000). Wettbewerbs-Vorteile. Frankfurt am Main, Deutschland: Campus Verlag GmbH.

Roebers, F., & Leisenberg, M. (2010). Web 2.0 im Unternehmen, Theorie und Praxis. Bielefeld, Deutschland: COMPUTERWOCHE.

Anhang

NZZ Online Handy:

Schmutziges Handy (Digital, NZZ Online)   27.01.11 18:19

NZZOnline

9. Januar 2011, NZZ am Sonntag

Schmutziges Handy

In jedem Mobiltelefon stecken wertvolle Metalle, die es womöglich bald nicht mehr geben wird

Zwei Drittel der Weltbevölkerung besitzen ein Mobiltelefon. Doch wichtige Rohstoffe, die zur Produktion gebraucht werden, gehen zur Neige – woran sich teilweise blutige Konflikte entzünden. Am beliebten Hightech-Gerät zeigt sich, dass der Fortschritt der Zivilisation seinen Preis hat.

Michael Furger

In der griechischen Sagenwelt frevelt König Tantalus gegen die Götter und wird zur Strafe in die Unterwelt verbannt. Er erleidet dort ewige Qualen, seine Familie wird mit einem mörderischen Fluch belegt. Tantalus gab dem chemischen Element Tantal seinen Namen – und es scheint, als hätte er ihm auch seinen Fluch vererbt. Der Handel mit dem Metall ist einer der Auslöser der blutigen Konflikte und von Sklaverei in der Demokratischen Republik Kongo. Denn das Tantal ist einer der begehrtesten Rohstoffe weltweit: Es steckt in jedem Mobiltelefon.

Zwei Drittel der Weltbevölkerung telefonieren mit einem Handy. Die Uno-Telekommunikationsagentur ITU zählte im Jahr 2010 knapp fünf Milliarden Mobiltelefon-Verträge. Jedes Jahr werden 1,2 Milliarden neue Geräte verkauft. Derzeit steigt vor allem in Indien die Nachfrage rasant. Pro Stunde werden dort im Schnitt 10 000 Handys abgesetzt. In jedem Telefon mit dabei ist nicht nur Tantal, sondern eine ganze Auswahl der wertvollsten Metalle – von denen es einige bald nicht mehr geben wird. Der Boom reizt die globalen Vorräte aus, mit schweren Folgen.

Zwangsarbeit in Minen

Von Tantal etwa werden 75 Prozent der Jahresproduktion in elektronischen Geräten verbaut. Aus dem Metall werden winzige Kondensatoren hergestellt, die elektrische Ladungen speichern. Das Material ermöglicht es, Geräte klein und handlich zu bauen. Es gibt zwar noch Tantal-Vorräte etwa in Brasilien und Australien. Die Förderung ist aber teuer. Deshalb verarbeiteten die Elektronikunternehmen bisher gerne billiges Tantal aus Kongo, wo Rebellengruppen den Abbau des Tantal-Erzes Coltan kontrollieren. Die Bevölkerung wird unter grausamen Bedingungen zur Arbeit in den Minen gezwungen. Mit dem Geld kaufen die Kriegsfürsten Waffen.

Ab April 2011 müssen amerikanische Unternehmen vor der Einfuhr ihrer Produkte offenlegen, dass sie kein Tantal aus Kongo oder seinen Nachbarländern enthalten. Seit dem Erlass sucht die Elektroindustrie fieberhaft nach neuen Lieferanten oder Ersatzstoffen – bisher erfolglos.

Vision Group Research:

Vision Group Research
Neural basis of visual perception

Over one third of our brain is dedicated to processing visual information, which is not surprising as we must somehow get from patterns of light detected by the photoreceptors to a three-dimensional world that is full of colour.

1. Retinotopic mapping of early visual areas

Retinotopic mapping allows the functional definition of multiple visual areas. This technique relies on the fact that each visual area has a single, ordered representation of visual space. This ability to define different visual areas is useful for comparing responses to subsequent experiments between subjects, and also to investigate homologies between macaque and human responses.

2. Processing stereoscopic depth information in the human cortex

A major problem that our visual system faces is how to extract three-dimensional information from our two-dimensional retinae. One of the ways in which this is achieved is known as binocular stereopsis. Differences in the two retinal images are used to calculate the position of objects in space. The primary visual cortex is the first area in the visual system that contains neurons receiving input from both eyes. Some of these neurons are sensitive to "binocular disparity", that is they modulate their firing rate according to whether stimuli lie in the same, or different places on the two retinae. However, simply showing sensitivity to disparity does not necessarily mean that these neurons are involved in the *perception* of depth. A series of papers by Cumming & Parker showed that in fact the response of these disparity selective neurons in V1 do not correspond well with perceived depth. However, in higher visual areas, such as inferotemporal cortex, the neuronal responses appear to correspond to perception.

We have a stereoscopic projector that allows us to present images separately to the two eyes in the scanner and are currently investigating the roles of dorsal and ventral visual cortex in depth perception. This work with shortly be extended to investigate the visual systems of subject who have suffered binocular dysfunction as children.

Collaborators: Andrew Parker, John Elston.

3. Investigating structure, connectivity and function in abnormal visual systems

Anophthalmia is a condition in which the eyes fail to develop and, if both eyes are affected, leads to a total lack of vision. We are interested in how the areas of the brain that would normally be involved in processing visual information are affected by anophthalmia. We are using diffusion imaging to look at whether connections within the brain are different in these patients. Using fMRI we can look at whether brain areas

NZZ Verkehrsfinanzierung:

Schweiz

Verkehrsfinanzierung

Vignette für 200 Franken

Vorschlag des Bundesrats zur Finanzierung des Verkehrs gewinnt Unterstützung

«Wir sagen nicht einfach Nein»

Der Direktor des Automobilclubs der Schweiz würde eine Autobahnvignette für 100 statt 40 Franken akzeptieren.

Bescheidene Lenkungswirkung der Massnahmen

Verkehrskosten

Pendler sollen mehr zahlen

UVEC - Bundesrat:

UVEK - Bundesrat verabschiedet Strategiebericht zur Zukunft der Infrastrukturnetze   27.01.11 15:08

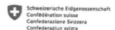

Schweizerische Eidgenossenschaft
Confédération suisse
Confederazione Svizzera
Confederaziun svizra

Eidgenössisches Departement für Umwelt, Verkehr, Energie und Kommunikation UVEK

Bundesrat verabschiedet Strategiebericht zur Zukunft der Infrastrukturnetze

Bern, 17.09.2010 - Der Bundesrat hat an seiner heutigen Sitzung den Strategiebericht zur Zukunft der nationalen Infrastrukturnetze gutgeheissen. Der Bericht, der zwischen November 2009 und Februar 2010 einer breiten öffentlichen Anhörung unterzogen wurde, enthält erstmals eine Gesamtschau über alle flächendeckenden Infrastrukturnetze in den Bereichen Verkehr, Energieversorgung und Telekommunikation.

Der Bericht kommt zum Schluss, dass die Schweiz heute über qualitativ hoch stehende, gut funktionierende Infrastrukturnetze verfügt, die einen wesentlichen Beitrag zur Wettbewerbsfähigkeit und zum inneren Zusammenhalt des Landes leisten. In den kommenden zwanzig Jahren werden allerdings die Anforderungen an diese Netze stark steigen. Sie müssen in erster Linie eine zunehmende Nachfrage bewältigen können. Darüber hinaus müssen sie aber auch:

- die Versorgungssicherheit gewährleisten
- die Vorgaben des Umwelt- und Bevölkerungsschutzes erfüllen
- die angestrebte Raumentwicklung unterstützen
- zu einem nachhaltigen Umgang mit natürlichen Ressourcen beitragen
- die weitere Integration der europäischen Märkte ermöglichen
- eine ausreichende Grundversorgung in allen Landesteilen sicherstellen, ohne die öffentlichen Finanzen übermässig zu belasten.

Für den Wirtschaftsstandort Schweiz ist es von herausragender Wichtigkeit, dass diese Ziele bis zum Jahr 2030 erreicht werden können. Dafür sind grosse Anstrengungen notwendig. Der Bericht zeigt die strategischen Stossrichtungen für eine nachhaltige Weiterentwicklung der nationalen Infrastrukturnetze auf. Besonders wichtig sind:

- die Substanzerhaltung und die laufende Modernisierung der alternden und immer höher belasteten Infrastrukturnetze
- die optimale Bewirtschaftung der vorhandenen Kapazitäten; unter anderem durch die Nutzung «intelligenter» Technologien
- die rechtzeitige Beseitigung von Engpässen, welche das System gefährden
- der Schutz der Bevölkerung, der Umwelt und der Infrastrukturnetze selbst vor einem umfassenden Gefahrenspektrum
- die Schaffung optimaler Rahmenbedingungen für die Infrastrukturunternehmen

Bei den staatlich finanzierten Infrastrukturnetzen (Strasse, Schiene) ist die Sicherstellung einer langfristig nachhaltigen Finanzierung zentral. Schon in naher Zukunft eine Erhöhung der Einnahmen nötig, um die trotz konsequenter Priorisierung der Projekte stark steigenden Ausgaben zu decken. Langfristig fasst der Bundesrat die Ersetzung aller bisherigen Infrastrukturabgaben auf Bundesebene durch eine flächendeckende, verkehrsträgerübergreifende, leistungsabhängige Mobilitätsabgabe («Mobility Pricing») ins Auge. Eine solche würde die Finanzierung auf eine tragfähige Grundlage stellen und dank verursachergerechter Anreize eine sinnvolle und nachhaltige Nutzung der verschiedenen Verkehrsträger fördern. Der Bundesrat wird die möglichen Optionen evaluieren und die damit verbundenen offenen Fragen klären.

Adresse für Rückfragen:

Presse- und Informationsdienst UVEK, Bundeshaus Nord, 3003 Bern +41.31.322.55.11

Herausgeber:

Generalsekretariat UVEK

eGovernment:

admin.ch - eGovernment auf dem Vormarsch

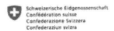
Schweizerische Eidgenossenschaft
Confédération suisse
Confederazione Svizzera
Confederaziun svizra

Die Bundesbehörden der Schweizerischen Eidgenossenschaft

eGovernment auf dem Vormarsch

Bern, 17.11.2009 -

Rede von Bundespräsident Hans-Rudolf Merz, 3. Nationales E-Government-Symposium, Bea Expo Bern, 17. November 2009

Die virtuelle Welt ist eine Realität. eGovernment ist daher für ein modernes Staatswesen von grosser Bedeutung. Die Umsetzung der bundesrätlichen eGovernmentstrategie ist in vollem Gange. Doch es bleibt noch viel zu tun. Besonderes Augenmerk verdienen hierbei die Aspekte "Innovation" und "ePartizipation".

Sehr geehrte Damen und Herren

Für unkundige Klischee-Reiter ist klar: Wenn sich im gemütlichen Bern Verwaltungsfachleute treffen, um Techniken der öffentlichen Administration zu besprechen, dann wiehert wohl wieder einmal ein gemischlich trottender Amtsschimmel.

Welch ein Irrtum. "E-Government" heisst das Thema des heutigen Symposiums. Und E-Government ist eines der dynamischsten Pferde im Schweizer Verwaltungs-Rennstall. Ich bedanke mich herzlich für Ihre heutige Einladung. Sie erlaubt mir, im Folgenden einige Blicke auf dieses kraftvoll vorwärts galoppierende Phänomen zu werfen.

Die virtuelle Welt ist eine Realität. Die moderne Informations- und Kommunikationstechnologie ist aus unserem Alltag nicht mehr wegzudenken. Sogar Bundesräte der älteren Generation surfen eifrig im Internet und gehen kaum je ohne Handy aus dem Haus. Manche bloggen sogar. Zwar finden sich, wie bei allem Neuen, die Avantgardisten und die breite Nutzerschicht oft einer gewissen Anzahl von Skeptikern gegenüber. Die Geschichte zeigt aber eindrücklich, dass sich neue Technologien nicht aufhalten lassen. Neuerungen sind daher als Chancen wahrzunehmen.

Auch dem Staat kommt hierbei eine Rolle zu. Zum einen soll er sich, wo immer sinnvoll, selber dieser neuen Technologien bedienen. Zum andern soll er die neuen Technologien und den Umgang damit fördern, soweit dies im öffentlichen Interesse ist und private Initiative hierzu nicht ausreicht. Wir können es uns nicht leisten, nichts zu tun. Der Ausspruch "Stillstand bedeutet Rückschritt" gilt im Bereich moderner Informatik- und Kommunikationsmittel besonders drastisch: Wer nur schon kurz innehält, findet sich umgehend in der technologischen Steinzeit wieder. Dessen muss sich auch der Staat bewusst sein und aus der Chance dieser Technologien den besten Nutzen für die Bürger und die Wirtschaft ziehen.

Dabei ist E-Government, also die Nutzung von Mitteln der Informations- und Kommunikationstechnik in Regierung und Verwaltung, für ein modernes Staatswesen von besonderer Bedeutung. E-Government trägt dank effizienteren Verwaltungsabläufen zu einem schlankeren Staat bei. Ein schlankerer Staat ist nicht nur transparenter und kostengünstiger. Entscheidend ist vor allem, dass E-Government den Bürgerinnen und Bürgern sowie der Wirtschaft einen vereinfachten Zugang zum Staat beziehungsweise zum Umgang mit diesem Staat ermöglicht. Dies ist ein handfester wirtschaftlicher Standortvorteil und fördert dazu die Bürgernähe des Staates. Schliesslich dient E-Government auch der Vernetzung von Wissen, sei es in Bildung, Forschung, Wirtschaft oder Kultur. Diese Vernetzung ist ein Schlüsselfaktor im internationalen Wettbewerb von Wissensgesellschaften wie der Schweiz.

Aus diesen Gründen hat der Bundesrat, in enger Absprache mit Kantonen und Gemeinden, anfangs 2007 eine nationale E-Government-Strategie beschlossen. Sie hat zum Ziel, dass sowohl die Wirtschaft als auch die Bevölkerung die wichtigen Geschäfte mit den Behörden elektronisch abwickeln können. Die Behörden ihrerseits sollen ihre Geschäftsprozesse modernisieren und untereinander elektronisch verkehren. Diese nationale Strategie bildet die Basis für Bund, Kantone und Gemeinden, ihre jeweiligen Anstrengungen auf gemeinsame Ziele auszurichten. Sie legt gemeinsame Grundsätze, Vorgehen sowie Instrumente zu deren Umsetzung fest.

Die Umsetzung der Strategie erfolgt dezentral. Sie findet aber koordiniert und unter der Aufsicht

http://www.admin.ch/aktuell/00089/index.ht.ml?lang=de&msg-id=30133

NZZ Online Noser:

«Innovationsinitiative stellt Evolution dar, nicht Revolution» (Aktien, Nebenwerte, NZZ Online) 27.01.11 15:12

Swiss Equity magazin: Herr Noser, Ihre Aufnahmen von Google-Streetview, auf denen Sie zusammen mit Ihrer Assistentin zu sehen waren, haben in den Medien für Aufmerksamkeit gesorgt. Ist Google-Streetview für Sie ein innovatives Produkt?
RUEDI NOSER: Sicher ist das ein innovatives Produkt. Es hilft bei der Orientierung und ermöglicht ganz neue Geschäftsmodelle. Denken Sie an Immobilienportale wie Homegate, an die Tourismusindustrie und den ganzen Bereich der Werbung. Dennoch sollte das Recht auf Privatsphäre des Bürgers nicht missachtet werden.

Wie wichtig ist die Ansiedlung von Unternehmen wie Google für den Innovationsplatz Schweiz?
Es ist ja nicht nur Google, sondern es sind auch Firmen wie IBM, Microsoft oder eBay, die ihren europäischen Hauptsitz in die Schweiz verlegt haben. Dies dürfte der Schweiz in der ICT-Branche helfen. Wir sollten uns aber bewusst sein, dass die Schweiz im ICT-Bereich schon immer gut unterwegs war. Nur hat sich das nicht in eigenständigen Produkten ausgeprägt, sondern die IT-Leistung ging in Drittprodukten wie zum Beispiel in der Finanzindustrie auf. Die starke Ausrichtung auf die Bankindustrie führte allerdings dazu, dass die Entwicklung der ICT-Produkte stets im Umfeld der Finanzindustrie angesiedelt war. Die Anzahl der Personen, die an ICT-Produkten arbeiteten, die nicht zur Finanzindustrie gehören, war daher immer begrenzt.

Der Innovationsbegriff wird allgemein sehr überstrapaziert. Was sind für Sie Innovationen?
Ich halte mich hier an einen einfachen Innovationsbegriff, der nicht die professorale Unterscheidung zwischen Innovation und Invention macht. Eine Innovation ist für mich, wenn es einem Unternehmen gelingt, mit seinem Team und seinem Kapital eine Verbesserung seines Produktes zu erzielen und Kunden zu finden, die bereit sind, mehr dafür zu bezahlen.

Ihre Noser Group ist mit 455 Mitarbeitern und fast 100 Mio. CHF Umsatz auch auf Innovationen angewiesen. Wie managen Sie diese in Ihrem Unternehmen?
Wir orientieren uns an unseren Kunden und studieren genau, was diese brauchen. Obwohl wir über 400 Ingenieure beschäftigen, haben wir keine Forschungsabteilung in unseren Firmen. Die Innovationen entstehen stets, um Kundenbedürfnisse befriedigen zu können.

Nutzen Sie denn die Möglichkeiten, die sogenannte KTI-Projekte bieten, indem Sie als Wirtschaftspartner gemeinsam mit einer Hochschule neue Produkte oder Dienstleistungen entwickeln?
Wir haben diese innerhalb der Noser Group noch nicht genutzt, da es in den von uns adressierten Bereichen fast keine Grundlagenforschung gibt. Allerdings möchte ich betonen, dass die KTI eine hervorragende Brückenfunktion zwischen Forschern und Unternehmen gerade in den Bereichen Life Sciences, Mechanische Industrie, Oberflächentechnologie sowie Mikro- und Nanotechnologie bildet.

Die Schweiz ist laut World Competitiveness Index des WEF das wettbewerbsfähigste Land der Welt. Auch in puncto Innovation nimmt die Schweiz, gemessen an den angemeldeten Patenten, einen Spitzenplatz ein und gehört weltweit zu den fünf innovativsten Ländern. Jetzt haben Sie eine Innovationsinitiative in der FDP lanciert. Was wollen Sie mit dieser Initiative noch mehr erreichen?
Natürlich sind wir sehr stolz darauf, dass die Schweiz heute in Sachen Innovation Spitze ist. Doch viel entscheidender ist es, heute die Weichen dafür zu stellen, dass die Schweiz auch in 20 Jahren noch die Nummer 1 ist. Es geht dabei ganz klar darum, unsere Stärken zu stärken. Daher soll unsere Initiative Innovationsplatz Schweiz keine Revolution, sondern eine Evolution darstellen. Wir wollen das, was wir heute schon gut machen, in Zukunft noch besser machen.

Eine der FDP-Forderungen besagt, dass 0,5% des Pensionskassenvermögens in der Schweiz in die Finanzierung von Start-ups fliessen sollen. Bei einem geschätzten Vermögen von 600 Mrd. CHF wären das 3 Mrd. CHF. Sollte es nicht dem Markt überlassen werden, wie stark PKs in Start-ups und Private Equity investieren?
Als Freisinniger vertrete ich grundsätzlich auch den Standpunkt, dass die Pensionskassengelder frei von irgendwelchen Regeln angelegt werden sollten. Allerdings ist die Situation in angelsächsischen Ländern anders. Dort sind die Pensionskassen verpflichtet, Gelder in inländische Start-ups zu investieren. Dies führte dazu, dass in solchen Ländern funktionierende Märkte für Start-ups entstanden sind, die nun auch Investitionen aus dem Ausland anziehen. Sogar Schweizer Pensionskassen investieren heute Gelder im angelsächsischen Raum, weil es dort, dank den protektionistischen Massnahmen, gelungen ist, attraktivere Investmentmöglichkeiten zu bieten als in der Schweiz. Diesem paradoxen Umstand gilt es zu begegnen und einen funktionierenden Schweizer Markt für Start-up- Finanzierungen zu schaffen.

Also sind Sie als Freisinniger gezwungen, Regulierungen einzuführen, weil es diese im Ausland auch gibt und Sie so Wettbewerbsnachteile befürchten?
Ja, das ist richtig so. Jedoch haben wir in unserem neuen Entwurf der Innovationsinitiative bereits auf diesen Punkt reagiert, indem wir unsere Forderung auf einen Zeitraum von 15 Jahren begrenzen. Danach soll der Markt wieder spielen.

Dennoch: 3 Mrd. CHF in 15 Jahren, das würde bedeuten, dass Sie jedes Jahr Schweizer Start-ups mit 200 Mio. CHF finanzieren wollen. Gibt es überhaupt ausreichend Investmentmöglichkeiten in der Schweiz?
Dies ist nicht die richtige Frage. Denn Private Equity zieht schliesslich auch die guten Projekte an. Schauen Sie sich an, wie viele Projekte von Schweizer Hochschulen im Ausland zur Marktreife weiterentwickelt werden, weil sie dort das entsprechende Kapital finden. Es muss uns gelingen, diese Projekte in der Schweiz zu behalten und zusätzlich ausländische Projekte für die Schweiz zu gewinnen. Durch eine Schweizer Regelung würden auch die ausländischen Kassen gezwungen, in der Schweiz zu investieren, wenn sie möchten, dass Schweizer Investoren im Ausland investieren.

http://www.nzz.ch/finanzen/aktien/nebenwerte/ruedi_noser_zur_innovationsinitiative_1.3926520.html

UVEX – Treibhausgase:

UVEX – Bundesrat will Treibhausgase um mindestens 20 Prozent senken   27.01.11 15:20

Schweizerische Eidgenossenschaft
Confédération suisse
Confederazione Svizzera
Confederaziun svizra

Eidgenössisches Departement für Umwelt, Verkehr, Energie und Kommunikation UVEK

Bundesrat will Treibhausgase um mindestens 20 Prozent senken

Bern, 24.02.2010 - Der Bundesrat schliesst sich dem an der Weltklimakonferenz von Kopenhagen ausgehandelten "Copenhagen Accord" an. Er meldet der UNO-Klimakonvention, dass die Schweiz den Treibhausgasausstoss bis 2020 um mindestens 20 Prozent senken will. Zudem hat der Bundesrat beschlossen, das Engagement im Globalen Umweltfonds (GEF) zu erhöhen.

Die Weltklimakonferenz von Kopenhagen Ende 2009 war nach Ansicht des Bundesrats ein wichtiger Schritt auf dem Weg zu einem griffigen Klimaabkommen. Er hat in seiner Sitzung vom 24. Februar 2010 beschlossen, sich dem „Copenhagen Accord" anzuschliessen. Er teilt dem Sekretariat der Klimakonvention zudem die Ziele der Schweiz zur Verminderung der Treibhausgase bis 2020 mit.

Die Schweiz will ihren Ausstoss im Vergleich zu 1990 um 20% vermindern. Dieses Ziel entspricht demjenigen der EU. Falls andere Industrie- und Schwellenländer ebenfalls namhafte Bemühungen unternehmen, ihren Ausstoss zu senken, wird die Schweiz ihr Ziel auf 30% erhöhen. Der definitive Entscheid über die Höhe des Reduktionsziels obliegt dem Parlament.

Umweltfonds soll wieder aufgefüllt werden

Einer der wichtigsten Finanzierungskanäle im Umweltbereich ist der Globale Umweltfonds (Global Environment Facility GEF). Mit den in den Globalen Umweltfonds einbezahlten Geldern gewährt der GEF Entwicklungs- und Transitionsländern finanzielle Unterstützung für die Durchführung von Projekten, die einen klar definierten Nutzen für die globale Umwelt haben. Dabei ist rund ein Drittel der GEF-Gelder für das Klima bestimmt. Die Schweiz zahlt seit 1991 in den GEF ein, welcher alle vier Jahre aufgefüllt wird. 2010 wird er zum fünften Mal wieder aufgefüllt. Die Verhandlungen dazu werden im März 2010 stattfinden. Im GEF-Verwaltungsrat vertritt die Schweiz eine Stimmrechtsgruppe, die aus den zentralasiatischen Staaten und Aserbeidschan besteht.

Der Bundesrat hat der Aufnahme von internationalen Verhandlungen zur 5. Wiederauffüllung des GEF zugestimmt und die Schweizer Delegation ermächtigt, 132 Millionen Franken für die Laufzeit 2010-2014 anzubieten. Die Schweiz erhöht damit ihr Engagement um 50 Prozent. Die Höhe dieses Beitrages orientiert sich am Verteilschlüssel des Entwicklungsfonds der Weltbank (IDA, International Development Association) und an demjenigen vergleichbarer europäischer Länder.

Nach den Verhandlungen unterbreitet der Bundesrat dem Parlament eine Finanzierungsbotschaft. Diese soll zusätzlich zu den Beiträgen an den GEF auch den Schweizer Beitrag an den Ozonfonds und an die zwei Klimafonds der Klimakonvention umfassen.

Mit dem stärkeren Engagement in diesen Bereichen festigt die Schweiz ihre Stellung in der internationalen Klima- und Umweltpolitik. In welchem Umfang sich die Schweiz zusätzlich an der Klimafinanzierung beteiligen wird, wie sie an der UNO-Klimakonferenz in Kopenhagen diskutiert wurde, wird der Bundesrat zu einem späteren Zeitpunkt diskutieren.

Adresse für Rückfragen:

Thomas Kolly, Chef Abteilung Internationales BAFU, Tel. 079 828 48 45
Karine Siegwart, Sektionschefin Europa, Handel und Entwicklungszusammenarbeit, BAFU, Tel. 079 687 11 68

Herausgeber:

http://www.uvek.admin.ch/dokumentation/80474/80492/index.html?lang=de&msg-id=31937

The Climate Group:

THE °CLIMATE GROUP

SMART2020: Enabling the low carbon economy in the information age

Download 8088kb , pdf

Date:
19 June 2008

Transformation in the way people and businesses use technology could reduce annual man-made global emissions by 15 per cent by 2020 and deliver energy efficiency savings to global businesses of over EUR 500 billion ($800 billion), according to this report.

SMART 2020: enabling the low carbon economy in the information age - is the world's first comprehensive global study of the Information and Communication Technology (ICT) sector's growing significance for the world's climate. The report's supporting analysis, conducted independently by international management consultants McKinsey & Company, shows that while ICT's own sector footprint - currently two per cent of global emissions - will almost double by 2020, ICT's unique ability to monitor and maximize energy efficiency both within and outside of its own sector could cut CO_2 emissions by up to five times this amount. This represents a saving of 7.8 Giga-tonnes of carbon dioxide equivalent ($GtCO_2e$) by 2020 - greater than the current annual emissions of either the US or China.

Although tele-working, video-conferencing, e-paper, and e-commerce are increasingly commonplace, the report notes that replacing physical products and services with their virtual equivalents (dematerialization and substitution) is only one part (six per cent) of the estimated low carbon benefits the ICT sector can deliver.

Far greater opportunities for emissions savings exist in applying ICT to global infrastructure and industry and the report examines four major opportunities where ICT can make further transformational cuts in global emissions. These exist globally within smart building design and use, smart logistics, smart electricity grids, and smart industrial motor systems.

KEY FINDING 1: The global ICT footprint. A new 'socially networked' generation around the world continues to drive unprecedented global demand for ICT hardware, software and services providing mobile and instant access to information.

To help, rather than hinder, the fight against climate change, the ICT sector must manage its own growing impact and continue to reduce emissions from data centres, telecommunications networks, and the manufacture and use of its products.

KEY FINDING 2: ICT's enabling effect in cutting global emissions. The new report reveals significant opportunities for emissions reductions and how cost savings can be leveraged by applying ICT to global infrastructure and industry. Through enabling other sectors to reduce their emissions, the ICT industry could reduce global emissions by as much as 15 per cent by 2020 - a volume of CO_2e five times its own footprint in 2020. If global businesses systematically used ICT to realize all of the solutions indicated in the report they would unlock global energy efficiency savings of over EUR 500 billion (*calculated as at December 2007 prices and not including a carbon price which may emerge if a global carbon market is established).

KEY FINDING 3: Getting SMART about ICT. Going forward, the report recommends a SMART framework is implemented, outlining key actions required by the ICT sector, national governments and industry. Transformation of the economy will occur when standardisation (S), monitoring (M) and accounting (A) of energy consumption prompt a rethink (R) in how we optimise for energy efficiency and how we live, work and play in a low carbon world. Through this enabling platform, transformation (T) will occur when the business models that drive low carbon alternatives can be developed and diffused at scale across all sectors of the economy.

Benchmark Magazine, Fall Issue:

Communities of practice: where learning happens

Etienne Wenger
Institute for Research on Learning

Benchmark guest column:

A corporation is more than the sum of its assets, products and services. At the heart of the company is a resource more fundamental and enduring—a set of basic "core competencies." In fact, the organization's abiding ability to recognize, nurture and capitalize on these core competencies.

These competencies hold the key to the company's future and to its long-term identity. They underlie its ongoing ability to innovate, to add value in serving its customers and to respond to the shifting demands of the marketplace. Moreover, they are what is hardest for competitors to reproduce.

A successful long-term strategy, therefore, implies continually re-defining and sustaining these core competencies.

But where do these essential competencies actually reside? How are they connected to each other? How can they be tapped?

Understanding work by being there

It was to take these questions seriously that I decided to do a study of a claim processing center in a large insurance company. Because I wanted to investigate how learning, understanding, and competence show up in practice, I decided to go spend a year with people at work. I became a claim processor, took the necessary training classes, and joined a claim processing unit. Though it was a secret to no one that I was doing a study, I tried to become part of that work community as authentically as an outsider could.

Cisco Collaboration Architecture 1:

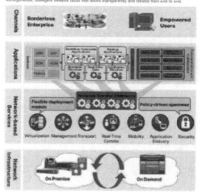

Cisco Collaboration Architecture 2:

Collaboration Architecture - Cisco Systems   27.01.11 15:45

Collaboration

Overview   Products & Solutions   Benefits   Architecture

Architect the New Collaboration Experience

Innovators - Ihre Verbindung zu Cisco
Studieren Sie die neuesten Technologie-Trends? Erfahren Sie relevante Neuigkeiten rechtzeitig.

Deliver Business Value
Differentiate your business value with the Cisco collaboration architecture
(PDF - 681KB)

Read Solution Overview

Business today increasingly requires ongoing interaction between your organization and your customers, partners and suppliers. The people you work with may be located anywhere in the world, and you may rarely if ever meet in person. Harness the power of participation by delivering collaboration experiences that will keep your users coming back for more.

Think Comprehensively, Build Incrementally
The elements of the Cisco Collaboration Architecture establish a collaboration core that powers compelling experiences both within and among organizations. Working together in a modular fashion, these capabilities allow you to develop an investment plan that helps ensure interoperability with your existing assets. You also gain capabilities that provides:

- Highly secure and reliable access from any location
- A consistent user experience on any device
- Delivery of any content type - video, voice and data for immersive interaction

Presence and Collaboration
Learn how presence can enhance how we collaborate.
(PDF - 252 KB)

Read White Paper

Future of Presence
Watch an interview with Joe Hildebrand, Principal Engineer at Cisco.
(Video - 20:28 min)

Watch Video

Explore the Collaboration Architecture Model

Deliver Differentiated Business Value with Collaboration
This open, integrated foundation works with new and existing technologies, and positions you to realize new business opportunities. By aligning this architecture with your strategic goals, the technologies deployed within this framework allow you to:

- Transform business processes
- Boost organizational efficiency
- Accelerate your time to market

The Cisco collaboration architecture offers you significant competitive advantages. It breaks down the barriers to collaboration that traditionally exist between different content formats, tools, devices, companies, and people working towards a common goal. As a result, it provides the architectural flexibility and organizational agility you require to quickly respond to the changing needs of your business.

http://www.cisco.com/en/US/netsol/ns1007/architecture.html

NIST Cloud Computing Definition:

The NIST Definition of Cloud Computing
Authors: Peter Mell and Tim Grance
Version 15, 10-7-09

National Institute of Standards and Technology, Information Technology Laboratory

Note 1: Cloud computing is still an evolving paradigm. Its definitions, use cases, underlying technologies, issues, risks, and benefits will be refined in a spirited debate by the public and private sectors. These definitions, attributes, and characteristics will evolve and change over time.

Note 2: The cloud computing industry represents a large ecosystem of many models, vendors, and market niches. This definition attempts to encompass all of the various cloud approaches.

Definition of Cloud Computing:

Cloud computing is a model for enabling convenient, on-demand network access to a shared pool of configurable computing resources (e.g., networks, servers, storage, applications, and services) that can be rapidly provisioned and released with minimal management effort or service provider interaction. This cloud model promotes availability and is composed of five essential **characteristics**, three **service models**, and four **deployment models**.

Essential Characteristics:

- *On-demand self-service.* A consumer can unilaterally provision computing capabilities, such as server time and network storage, as needed automatically without requiring human interaction with each service's provider.
- *Broad network access.* Capabilities are available over the network and accessed through standard mechanisms that promote use by heterogeneous thin or thick client platforms (e.g., mobile phones, laptops, and PDAs).
- *Resource pooling.* The provider's computing resources are pooled to serve multiple consumers using a multi-tenant model, with different physical and virtual resources dynamically assigned and reassigned according to consumer demand. There is a sense of location independence in that the customer generally has no control or knowledge over the exact location of the provided resources but may be able to specify location at a higher level of abstraction (e.g., country, state, or datacenter). Examples of resources include storage, processing, memory, network bandwidth, and virtual machines.
- *Rapid elasticity.* Capabilities can be rapidly and elastically provisioned, in some cases automatically, to quickly scale out and rapidly released to quickly scale in. To the consumer, the capabilities available for provisioning often appear to be unlimited and can be purchased in any quantity at any time.
- *Measured Service.* Cloud systems automatically control and optimize resource use by leveraging a metering capability at some level of abstraction appropriate to the type of service (e.g., storage, processing, bandwidth, and active user accounts). Resource usage can be monitored, controlled, and reported providing transparency for both the provider and consumer of the utilized service.

Ning.com:

Ning | Gründen Sie Ihr eigenes soziales Netzwerk.   29.01.11 15:34

| Ning - Netzwerke durch | Suchen |

Ning

The World's Largest Platform for Creating Social Websites™

Sie haben bereits ein Konto? Anmelden

LEGEN SIE GLEICH LOS
Probieren Sie den kostenlosen 30-tägigen Testzeitraum.

Gründen Sie Ihr eigenes soziales Netzwerk

Gestalten Sie ein Netzwerk für Ihr Hauptanliegen. Schaffen Sie ein Drehkreuz für Ihre Online-Aktivität.

Führen Sie tiefgehende Konversationen in einem Bereich, der nur Ihnen gehört.

- Unterhaltung
- Politik
- Musik
- Aktivismus
- Sport
- Marken
- Verlagswesen

Weitere Informationen »

- **Starten Sie Ihr Netzwerk in weniger als 60 Sekunden.**

  Bringen Sie Ihr eigenes Netzwerk mit nur wenigen Mausklicks online und bieten Sie ein fesselndes soziales Erlebnis an, das genau Ihren Anforderungen entspricht.

- **Passen Sie das Design an und schaffen Sie Ihr eigenes Netzwerk-Erlebnis**

  Wählen Sie aus 50 eigenständigen Erscheinungsbildern aus oder fügen Sie benutzerdefiniertes CSS hinzu und drücken Sie so Ihren eigenen Stil aus. Laden Sie die ganze Welt ein oder nur exklusive Personen - Sie kontrollieren das Mitgliedererlebnis und Ihre Daten.

- **Wählen Sie ein Produkt, das mit Ihrer Vision wächst.**

  Kombinieren Sie 15 und mehr Funktionen, und schaffen Sie Ihr individuelles soziales Netzwerk. Machen Sie es mit Ning Apps, APIs und Anpassungstools einzigartig.

- **Erwirtschaften Sie Einnahmen mit einer engagierten Mitgliederbasis.**

  Wählen Sie Funktionen für Werbung, Social Games, Shops, Spenden usw. aus und machen Sie Ihr Ning-Netzwerk damit zu einem wichtigen Bestandteil Ihrer Einnahmequellen oder Spendensammlung.

Gründen Sie Ihr eigenes soziales Netzwerk

- Gründen Sie Ihr eigenes soziales Netzwerk mit Ning Pro, Ning Plus oder Ning Mini. Erfahren Sie mehr und finden Sie das richtige Produkt für Sie.
- Weitere Informationen »

http://www.ning.com/   Seite 1 von 2

Kurzprofil – Armin Huerlimann

Armin Huerlimann

Berufspraxis

Seit 08/1999

System Engineer
(Cisco Systems, Switzerland)

System Engineer
(Alcatel AG)

Telematiker II
(Telekurs Financial Services)

Network Engineer
(Luzerner Kantonalbank)

Network Engineer
(Manor AG)

Ausbildung

10/2009-02/2011

St. Galler Business School
General Management Diplom

Aufbau der Kosten- und Leistungsrechnung in einem Industriebetrieb zu einem Führungsinstrument

Erweiterung der starren Plankostenrechnung zu Vollkosten zur Managementerfolgsrechnung

Alexander Hust

Inhaltsverzeichnis

Abbildungsverzeichnis 81

1 Einleitung 83
  1.1 Zielsetzung der Arbeit 83
  1.2 Grunddaten der Lenser Filtration GmbH 85
  1.3 Stellung der Kosten-/Leistungsrechnung innerhalb des betrieblichen Rechnungswesens 86
  1.4 Aufgaben der Kosten- und Leistungsrechnung 90
  1.5 Aufbau des betrieblichen Rechnungswesens bei der Lenser Filtration GmbH 92

2 Die Kostenartenrechnung 97
  2.1 Aufgaben der Kostenrechnung 97
  2.2 Abgrenzung im Betrieb 97
  2.3 Differenzierung und Gruppierung der Kostenarten 98
  2.4 Die Kostenartenrechnung bei der Lenser Filtration GmbH 101

3 Kostenstellenrechnung der traditionellen Vollkostenrechnung 103
  3.1 Aufgaben 103
  3.2 Bildung von Kostenstellen, Kostenstellenplan 105
  3.3 Durchführung der Kostenstellenrechung 107
    3.3.1 Verrechnung der primären Gemeinkosten 108
    3.3.2 Verrechnung der sekundären Gemeinkosten 109
  3.4 Ermittlung von Kalkulationssätzen 109
  3.5 Die Kostenstellenrechnung bei der Lenser Filtration GmbH 110

4 Kostenträgerrechnung der traditionellen Vollkostenrechnung 116
  4.1 Aufgaben 116
  4.2 Definition von Kostenträgern 116
  4.3 Prinzipien der Kostenverrechnung innerhalb der Kostenträgerrechnung 117
  4.4 Arten der Kostenträgerrechnung 117
    4.4.1 Kostenträgerstücksrechnung (Kalkulation) 118
      4.4.1.1 Divisionskalkulation 120
      4.4.1.2 Zuschlagskalkulation 122
    4.4.2 Die Kostenträgerzeitrechnung / kurzfristige Ergebnisrechnung 128
      4.4.2.1 Kostenträgerzeitrechnung nach dem Umsatzkostenverfahren 130
      4.4.2.2 Kostenträgerzeitrechnung nach dem Gesamtkostenverfahren ... 131
  4.5 Die Kostenträgerrechnung bei der Lenser Filtration GmbH 133

5 Teilkostenrechnung 135

5.1 Definition und Abgrenzung zur Vollkostenrechnung 135
5.2 Kritik der traditionellen Vollkostenrechnung 135
5.3 Systeme der Teilkostenrechnung 137
5.4 Flexible Plankostenrechnung und Deckungsbeitragsrechnung ... 140
    5.4.1 Kostenartenrechnung in der flexiblen Plankostenrechnung 145
    5.4.2 Kostenstellenrechnung in der flexiblen Plankostenrechnung 146
    5.4.3 Kostenträgerrechnung in der flexiblen Plankostenrechnung 149
    5.4.4 Planung am Beispiel Absatz, Material und Personal 156

6 Zusammenfassung **164**

Literaturverzeichnis **166**

Abbildungsverzeichnis

Abbildung 1: Der Führungskreislauf 83

Abbildung 2: Systematisierung des betrieblichen Rechnungswesens ... 88

Abbildung 3: Harmonisierung von externem und internem Rechnungswesen ... 89

Abbildung 4: Aufgaben der Kosten- und Leistungsrechnung 91

Abbildung 5: Bestandteile der Kostenrechnung 91

Abbildung 6: Reporting der Steuerungsgrößen Auftragseingang, Umsatz, Gross Profit und EBITA ... 95

Abbildung 7: Abgrenzung der Kosten zu den Aufwendungen 98

Abbildung 8: Der Kostenwürfel nach Deyhle 99

Abbildung 9: Kostenarten der Lenser Filtration GmbH 103

Abbildung 10: Stellung der Kostenstellenrechnung innerhalb der Kosten- und Leistungsrechnung ... 104

Abbildung 11: Grundstruktur eines Betriebsabrechnungsbogen 107

Abbildung 12: Betriebsabrechnungsbogen der Lenser Filtration GmbH ... 111

Abbildung 13: Berechnung der Kalkulationssätze bei der Lenser Filtration GmbH .. 113

Abbildung 14: Gewinn- und Verlustrechnung als Kombination aus Gesamt- und Umsatzkostenverfahren ... 114

Abbildung 15: Kostenanalyse auf Kostenstellenebene am Beispiel von zwei Kostenstellengruppen ... 115

Abbildung 16: Arten von Kostenträgern 116

Abbildung 17: Arten und Anwendungsbedingungen von Kalkulationsverfahren ... 119

Abbildung 18: Schema der mehrstufigen Zuschlagskalkulation 124

Abbildung 19: Kostenträgerzeitrechnung nach dem UKV in Staffelform 131

Abbildung 20: Betriebsrechnung nach dem GKV in Staffelform 132

Abbildung 21: Betriebsrechnung nach dem GKV in Staffelform 134

Abbildung 22: Übersicht Teilkostenrechungen 137

Abbildung 23: Entwicklungsformen der Kostenrechung 138

Abbildung 24: Einordnung und Aufbau des betrieblichen Rechnungswesens 139

Abbildung 25: Berechnung des Deckungsbeitrags 142

Abbildung 26: Echte stufenweise Deckungsbeitragsrechnung in der Produktdimension (Produktgruppen, Sortiment) 144

Abbildung 27: Planung einer Produktionskostenstelle bei der Lenser Filtration GmbH bisher 146

Abbildung 28: Planung einer Produktionskostenstelle bei der Lenser Filtration GmbH zukünftig 147

Abbildung 29: Abweichungsanalyse auf Kostenstellen 149

Abbildung 30: Das Rechnungswesenpanorama 150

Abbildung 31: Managementerfolgsrechnung bei der Lenser Filtration GmbH Variante 154

Abbildung 32: Managementerfolgsrechnung bei der Lenser Filtration GmbH Variante I 155

Abbildung 33: Wege zur Planung der Absatz- und Umsatzziele 157

Abbildung 34: Ergebnis der Absatzplanung Produktgruppe Kammerplatten 158

Abbildung 35: Ableitung der Kapazitäten aus der Absatzplanung 159

Abbildung 36: Ableitung der Personalkapazitäten aus der Absatzplanung 160

Abbildung 37: Kapazitätsplanung für den Personalbereich 163

1 Einleitung

1.1 Zielsetzung der Arbeit

Das Management Accounting, auch betriebliches Rechnungswesen genannt, wird nicht zum Selbstzweck geführt, sondern sollte vorrangig die Wahrnehmung von Führungsaufgaben unterstützen.

Dies lässt sich gut aus der Analyse des Führungsprozesses erkennen.

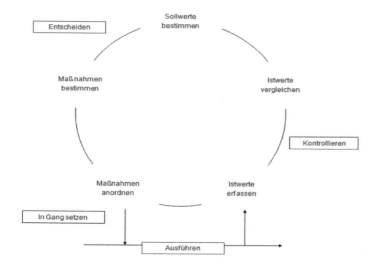

Abbildung 1: Der Führungskreislauf[1]

Jede Führungskraft hat Resultate zu erreichen. Zu diesem Zweck muss sie selbst oder in Kooperation mit anderen Ziele festlegen, die nötigen Maßnahmen zu deren Erreichung bestimmen und die Ausführung in Gang setzen. Zur Kontrolle, ob der eingeschlagene Weg die Erreichung der festgesetzten Ziele ermöglicht, müssen die Führungskräfte die Ergebnisse der Ausführung permanent erfassen und mit den Sollvorgaben vergleichen. Sind die gesetzten Ziele erreicht, können

---

[1] vgl. Lutz (2010), St. Galler Business School, Controller Programm Teil 2, Modul Controlling, S. 49

neue bestimmt werden. Ergeben sich Abweichungen sind Korrekturmaßnahmen zu ergreifen.

Aufgabe des betrieblichen Rechnungswesens ist es, die Führungskräfte hierbei von der Planzielfestlegung über das IST bis hin zur Korrektur und Erwartungsrechnung (Forecast) zu unterstützen.

Für das Management Accounting bedeutet dies, dass es führungsorientiert sein muss, indem es die Entscheidungsfindung unterstützt und die Übernahme von Verantwortung hinsichtlich finanzieller Werte ermöglicht.

Wann ist ein betriebliches Rechnungswesen entscheidungsgerecht und welche Anforderungen muss es erfüllen, dass es verantwortungsgerecht ist?

Das Management Accounting gilt als entscheidungsgerecht, wenn es die Konsequenzen von Mengen- und Leistungsvariationen verursachungsgerecht in Kosten- und Erlösänderungen abbilden, die wertmäßigen Konsequenzen von Korrekturmaßnahmen ermitteln und eine Erwartungsrechnung aufstellen kann. Ein internes Rechnungswesen, das diese Kriterien erfüllt, wird auch als Decision Accounting bezeichnet.

Damit das betriebliche Rechnungswesen als verantwortungsgerecht bezeichnet werden kann, sollten einem Verantwortungsbereich, soweit möglich, nur diejenigen Kosten und Erlöse zugerechnet werden, die von der jeweils verantwortlichen Person auch beeinflusst werden können. Darüberhinaus sollte es der Organisationsstruktur und Verantwortlichkeitsregelung des Unternehmens entsprechen und Soll-Ist-Vergleiche unter Berücksichtigung der effektiv erbrachten Leistung ermöglichen.[2]

Voraussetzung für ein führungsorientiertes Management Accounting ist eine dementsprechend ausgestaltete Kosten- und Leistungsrechnung. Dies bedeutet,

---

[2] vgl. Rieder / Berger-Vogel (2008), S. 24 f.

dass bereits bei der Gestaltung der Kostenstellen- und trägerrechnung die richtigen Vorkehrungen zu treffen sind.

Ziel der Arbeit ist die Weiterentwicklung der aktuellen Rechnungswesenslandschaft bei der Lenser Filtration GmbH zu einer Kosten- und Leistungsrechnung, die den Anforderungen eines führungsorientierten Management Accounting gerecht wird.

Hierzu wird zunächst die momentane Rechnungswesenslandschaft dargestellt und auf ihre Stärken und Schwächen hin untersucht, um darauf aufbauend den Ausbau zu einem Führungsinstrument darzustellen.

1.2 Grunddaten der Lenser Filtration GmbH

Die Lenser Filtration GmbH ist ein mittelständisches Unternehmen der kunststoffverarbeitenden Industrie mit aktuell 160 Mitarbeitern. Kernkompetenz ist die Herstellung verschiedenster Kunststofffilterelemente zur Feststoff-/Flüssigtrennung. Einsatz finden die Filter beispielsweise in der Lebensmittelindustrie, in der chemischen Industrie oder bei der städtischen Wasserwiederaufbereitung.

Das Unternehmen wurde 2005 von der Andritz AG, einem in Graz ansässigen Konzern übernommen, um dessen Produktpalette im Bereich der Filterpressenherstellung zu ergänzen.

Die Übernahme brachte zahlreiche neue Anforderungen mit sich.

Für den Bereich des externen Rechnungswesens bedeutete das vor allem die Ergänzung des bisherigen Jahresabschlusses nach dem Handelsgesetzbuch um einen Abschluss nach den Vorschriften der International Financial Reporting Standards (IFRS).

Die bestehende Kosten- und Leistungsrechnung, die bis dahin vor allem das lokale Management mit führungsrelevanten Informationen versorgen sollte, musste dem umfangreichen Konzernberichtswesen angepasst werden. Der Schwerpunkt wurde von da an vermehrt auf das Financial Reporting gelegt.

Um einen möglichen Ausbau des bestehenden betrieblichen Rechnungswesens aufzuzeigen, sei mit einer kurzen Erläuterung der Stellung und Aufgaben des internen Rechnungswesens allgemein sowie der Ausgangsbasis speziell bei der Lenser Filtration GmbH begonnen.

1.3 Stellung der Kosten-/Leistungsrechnung innerhalb des betrieblichen Rechnungswesens

„Das betriebliche Rechnungswesen erfasst und verarbeitet tatsächliche und mögliche betriebliche Tatbestände und Vorgänge in Zahlen und dient der außerbetrieblichen und innerbetrieblichen Information."[3]

Die Ausgestaltung des Rechnungswesens ist kein Selbstzweck, sondern hat sich an den Oberzielen der jeweiligen Unternehmung zu orientieren.[4]

Nach der zeitlichen Reichweite und den zugrundeliegenden Maßgrößen lassen sich vorrangig drei Oberziele festlegen[5]: Liquidität, Erfolg und Erfolgspotenzial.

Ein grundlegendes Ziel jeder Unternehmung ist die Erhaltung der Liquidität, denn Zahlungsunfähigkeit und Überschuldung gefährden den Fortbestand jedes Unternehmens.

Die Liquidität eignet sich jedoch nur zur kurzfristigen Steuerung.

Neben die reine Steuerung der Geldströme tritt die des Erfolgs (Gewinn beziehungsweise Cash Flow). Zentrale Größen sind hier die Erträge und Aufwendungen einer Periode (Monat, Quartal, Jahr). Der Erfolg dient als

---

[3] Witthoff (2001), S. 1

[4] vgl. Coenenberg (2009), S. 8

[5] vgl. Gälweiler (1976), S. 362-379

Vorsteuerungsgröße der Liquidität. Ohne langfristigen Erfolg kann es auch keine Liquidität geben.

Liquidität, Erfolg und die Instrumente, die zu deren Messung Anwendung finden (Erfolgsrechnung, Mittelflussrechnung, Liquiditätsbudget etc.), fallen aufgrund ihrer kurz- bis mittelfristigen Ausrichtung in den Bereich des operativen Managements/Controllings.

Wie die Liquidität eignet sich der Erfolg jedoch nicht zur langfristigen Steuerung eines Unternehmens.

Hierzu wurden die Instrumente des strategischen Managements und Controllings entwickelt (Erfahrungskurve, Lebenszykluskurve, Kundenproblemanalyse etc.). Zentrale Größen der langfristigen Planung bilden das heutige sowie das künftige strategische Erfolgspotenzial.

Die drei genannten Oberziele beeinflussen sich gegenseitig. So kann es ohne Erfolg keine Liquidität geben und ohne Erfolgspotenziale, heutige oder zukünftige, keinen andauernden Erfolg. Die Liquidität wiederum ist Voraussetzung für die Erzielung und Aufrechterhaltung betriebswirtschaftlichen Erfolgs.

Die Systematisierung und Zuordnung der einzelnen Bestandteile des betrieblichen Rechnungswesens zu den erläuterten Oberzielen lässt sich aus Abbildung 2 ersehen.

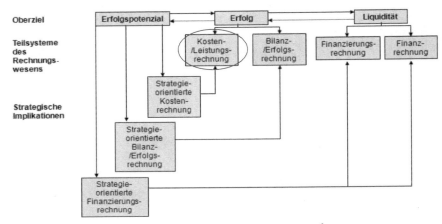

Abbildung 2: Systematisierung des betrieblichen Rechnungswesens[6]

Die Kostenrechnung, um die es im Weiteren geht, bildet einen wesentlichen Bestandteil der betriebswirtschaftlichen Erfolgsrechnung. Sie ist dem internen Rechnungswesen zuzuordnen.

Das betriebliche Rechnungswesen lässt sich nach den unterschiedlichen Anspruchsgruppen, für die es Informationen liefert, in die Bereiche des externen und internen Rechnungswesens gliedern.

---

[6] vgl. Coenenberg (2009), S. 8

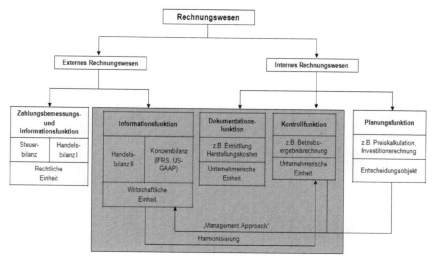

Abbildung 3: Harmonisierung von externem und internem Rechnungswesen[7]

Während das externe Rechnungswesen vor allem den Anforderungen des Staats, der Stakeholder, Eigenkapitalgeber, Kunden, Lieferanten etc. Rechnung zu tragen hat, richten sich die Informationen des internen Rechnungswesens in erster Linie an das Management der Unternehmung[8].

Kennzeichen des externen Rechnungswesens sind die Buchführungspflicht, eine geringe Gestaltungsfreiheit (Handels Gesetzbuch (HGB), IFRS, United States Generally Accepted Accounting Principles (US-GAAP),...) und der starke Vergangenheitsbezug. Das interne Rechnungswesen zeichnet sich hingegen durch seine Freiwilligkeit, Gestaltungsfreiheit und die Zukunftsorientierung in Form einer Planungsrechnung aus.

---

[7] vgl. Günther / Zurwehme (2008), S. 115

[8] vgl. Lutz (2010), St. Galler Business School, Controller Programm Teil 2, Modul Controlling, S. 40

1.4 Aufgaben der Kosten- und Leistungsrechnung

Aufgabe der Kostenrechnung im engeren Sinn ist die Erfassung und Verrechnung von Kosten auf Kostenstellen und Kostenträger.[9] Unter Kosten wird hierbei der bewertete leistungsbedingte Güterverbrauch verstanden.

Im weiteren Sinne unterscheidet man zwischen externen und internen Aufgaben der Kosten- und Leistungsrechnung.

Zu den externen Aufgaben zählt vor allem die Dokumentation, so zum Beispiel die Ermittlung der Selbstkosten bei öffentlichen Aufträgen.

Unter den internen Aufgaben versteht man in erster Linie die Planung und Kontrolle. Im Rahmen der Planungsrechnung werden beispielsweise die optimalen Losgrößen, Preisober-/untergrenzen festgelegt oder Make-or-Buy Entscheidungen getroffen. Die Kontrollrechnung, in der Ausgestaltung als Soll-/Ist-Abgleich, ermöglicht Aussagen über den Stand der Zielerreichung hinsichtlich Erfolg oder Wirtschaftlichkeit.

---

[9] vgl. Weber / Schäffer (2006), S. 127

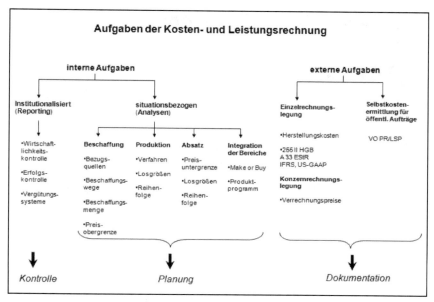

Abbildung 4: Aufgaben der Kosten- und Leistungsrechnung[10]

Wesentliche Bestandteile der Kostenrechnung bilden die Kostenarten-/-stellen- und -trägerrechnung. Abbildung 5 veranschaulicht die Verbindung dieser drei Elemente.

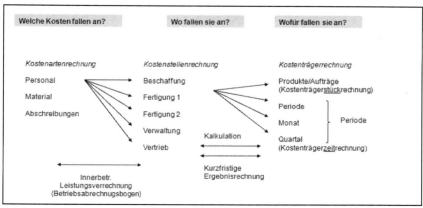

Abbildung 5: Bestandteile der Kostenrechnung[11]

---

[10] vgl. Coenenberg (2009), S. 23

[11] vgl. Coenenberg (2009), S. 58

In der Kostenartenrechnung wird festgehalten, welche Kosten im Unternehmen anfallen, so zum Beispiel Personal- oder Materialkosten. Die Kosten können, darauf aufbauend, noch weiter nach Struktur, Zurechenbarkeit oder Beeinflussbarkeit aufgegliedert werden (siehe Kapitel 2).

Die Kostenstellenrechnung klärt die Frage, wo die Kosten im Betrieb anfallen. Für gewöhnlich unterscheidet man Allgemeine-, Hilfs-, Fertigungs- und Verwaltungskostenstellen. Die Kostenstellenrechnung dient später der Ermittlung von Kostensätzen und nimmt eine wichtige Rolle bei dem Aufbau eines verantwortungsbezogenen Rechnungswesens ein. Die Abweichungen sind dort zu analysieren und zu verantworten, wo sie entstanden sind und beeinflusst werden können (siehe Kapitel 3).

Das dritte Element bildet schließlich die Kostenträgerrechnung. Ihre Hauptaufgabe ist die Ermittlung der Kosten je Produkt oder Periode (siehe Kapitel 4).

1.5 Aufbau des betrieblichen Rechnungswesens bei der Lenser Filtration GmbH

Die Börsennotierung der Andritz AG und die daraus resultierende Rechnungslegung nach den IFRS haben auch bei der Lenser Filtration GmbH dazu geführt, dass sich externes und internes Rechnungswesen stärker einander annähern.

Da bei den IFRS die „True and Fair View" als oberstes Ziel der externen Rechnungslegung gilt, sollen auch bei der Andritz AG die externen Kapitalgeber mit denselben Informationen, die zur internen Steuerung dienen, versorgt werden (Management Approach).

Im Gegenzug sollen auch die internen Steuerungsgrößen an den Zielen der externen Kapitalgeber im Sinne einer wertorientierten Steuerung ausgerichtet werden.[12]

Deshalb ist auch bei der Lenser Filtration GmbH ein Trend hin zur Harmonisierung des externen und internen Rechnungswesens zu erkennen.

Es wird zusätzlich zur monatlichen Ergebnisrechnung eine monatsgenaue Gewinn- und Verlustrechnung erstellt, Aufwendungen / Erträge sowie Umsätze / Erlösschmälerungen / Vertriebskosten werden monatlich abgegrenzt, auf den Ansatz kalkulatorischer Kostenelemente wird gänzlich verzichtet. Die Überleitung des Ergebnisses nach interner Betriebsrechnung zum bilanziellen Erfolg fällt so leichter, eine zu große Divergenz der beiden Systeme wird vermieden.

Abweichungen, wie sie aus der Verwendung von Standardverrechnungspreisen, -kosten und –kalkulationen entstehen, werden zwangsläufig fortbestehen. Diese stellen jedoch lediglich kostenrechnungsinterne Verrechnungsdifferenzen dar, die die Schnittstelle zwischen externem und internem Rechnungswesen nicht tangieren.[13]

Da die Informationsfunktion bei den IFRS eine zentrale Rolle einnimmt, bietet es sich an, auch das Berichtswesen dementsprechend auszugestalten. Gleiches trifft auch auf die Dokumentationsfunktion zu.

Wie bereits einleitend angesprochen, war eine der großen Herausforderungen bei der Übernahme der Lenser Filtration GmbH durch die Andritz AG, das interne Berichtswesen, das bis dahin vorwiegend aus der Gewinn- und Verlustrechnung bestand, auf das umfangreiche Konzernreporting umzustellen.

---

[12] vgl. Coenenberg (2009), S. 27

[13] vgl. Männel (1999), S. 9 ff. oder Kilger / Pampel / Vikas (2007), S. 15 ff.

Das Reporting der Andritz AG Gruppe umfasst verschiedene Berichtsarten. So sind Monats-/Quartals- und natürlich Jahresabschlüsse zu erstellen.

Diese setzen sich zusammen aus den Hauptbestandteilen Bilanz, Gewinn- und Verlustrechnung nach dem Gesamt- sowie dem Umsatzkostenverfahren, Mitarbeiterübersicht nach Unternehmensbereichen sowie Analysen des Auftragseingangs und –bestands.

Das Reporting der gängigen Unternehmenszahlen Umsatz, Bruttomarge und Betriebsergebnis wird ergänzt um Produktionsberichte (Direct Labour Hours (DLH), Manufactoring Expenses, Over-/Underabsoprtion), Vertriebsreports, quartalsweise Forecasts und Reports zur Liquiditätssituation des Unternehmens (monatliche Cash Position, Cash-Forecasts). Die Hauptkennzahlen, über die im Konzern gesteuert wird, sind Auftragseingang und -bestand, Umsatz, Leistung, Gross Profit/Margin sowie die Earnings before Interest and Taxes (EBITA). Das Monitoring und die Steuerung der Liquidität werden vor allem über den Fonds Net Working Capital gesteuert.

Applications	Monat					Year to Date				
	Sludge	Minerals	Food	Chemicals	Mining	Sludge	Minerals	Food	Chemicals	Mining
Incoming orders										
External Incoming Orders										
Total IC Incoming Orders										
GM in Incoming Orders										
GM in Inc. Orders in %										
Backlog										
External Backlog										
Total IC net order backlog										
Sales										
External Sales										
Total IC Sales										
Changes in WIP and finished goods										
Total Revenue										
Manufacturing / Purchasing costs										
Over- Underabs. of Manuf. / Purchasing										
Total Manufacturing / Purchasing costs										
Engineering, project management costs										
Other direct contract costs total										
Order related material expenses										
Other direct contract costs										
Warranty costs										
Change of provisions for warranties										
Gross Margin										
Other operating income										
Other operating expenses										
Selling / Marketing / Over- Underabsorbt										
Selling / Marketing expenses gross										
Over-Underabsorpt. of engineering										
Divisional allocation										
R+D incl. allocation										
R+D costs										
R&D allocation										
G&A incl. allocation										
General + administrative										
Local Allocation										
HQ Allocation										
Total operating costs										
Gross expenses (R132 I.S133, R143-R147)										
Profit from operations										
Non operating items										
EBITA										

Abbildung 6: Reporting der Steuerungsgrößen Auftragseingang, Umsatz, Gross Profit und EBITA[14]

---

[14] Monatsreporting der Andritz AG

Die obige Abbildung zeigt beispielhaft einen der wichtigsten Bestandteile des Reportings, der die elementaren Steuerungsgrößen enthält.

Das zentrale Element bildet die Gewinn- und Verlustrechnung in Form einer Kombination aus Gesamt- und Umsatzkostenverfahren.

Um ein Unternehmen zu steuern reicht das finanzielle Rechnungswesen alleine jedoch nicht aus. Es ist zu ergänzen um das bereits vorgestellte betriebliche Rechnungswesen, optimalerweise in der Ausgestaltung als Managementerfolgsrechnung.

Der Schwerpunkt der Arbeit liegt daher auf den hier maßgebenden Kostenrechnungselementen, Kostenartenrechnung, Kostenstellenrechnung sowie Kostenträgerrechnung und deren Ausbau zu einer mehrstufigen Deckungsbeitragsrechnung in Kombination mit einer flexiblen Plankostenrechnung.

Die aktuelle IT-Landschaft der Lenser Filtration GmbH besteht aus verschiedenen, oft nicht integrierten EDV-Lösungen.

Die Finanzbuchhaltung sowie die Kostenrechnung werden mit der in Deutschland weitverbreiteten Software der Datev GmbH abgewickelt. Diese Software ist ursprünglich als reines Finanzbuchhaltungsprogramm entwickelt worden und bietet in diesem Bereich durchaus ausreichende Features. Das Modul der Kostenrechnung stellt dagegen eine unbefriedigende Software-Lösung dar. Die Handhabung ist verhältnismäßig umständlich und stark eingeschränkt. So lassen sich Umlagen oder innerbetriebliche Leistungsverrechnungen (IBL) beispielsweise nur auf der untersten Kostenstellenebene definieren und verwalten, Kostensätze können nicht aus dem Programm berechnet werden. Um diese Mängel zu umgehen, wird die Kostenrechnung mit Hilfe excelbasierter

Tabellenkalkulationen durchgeführt, die jedoch bekanntlich aufwendig zu pflegen und fehleranfällig sind wie auch häufig auf dem Wissen von Einzelpersonen beruhen.

Ein weiterer schwerwiegender Nachteil der aktuellen IT-Lösung ergibt sich aus der fehlenden Verknüpfung der einzelnen Systeme. Produktions-Planungs-System (PPS) und Betriebsdatenerfassung (BDE) sind beispielsweise nicht in die Finanzbuchhaltung und die Kostenrechnung integriert.

Seit September dieses Jahres wird in der Firma auf Vorgabe des Mutterkonzerns die Software SAP eingeführt. Die eben angesprochenen Schwächen der momentanen IT-Landschaft sollten dadurch zu einem großen Teil beseitigt werden können.

Der Termin für den Go-Life ist der 01.02.2011.

Wie in Kapitel 1.1 dargelegt, ist die Voraussetzung für ein führungsorientiertes Management Accounting eine entsprechend gestaltete Kosten- und Leistungsrechnung.

Um eine Kalkulation aufbauen und durchführen zu können, müssen vorab die Kostenarten- und die Kostenstellenrechnung installiert sein.

Ebenso lässt sich eine Deckungsbeitragsrechnung nicht ohne fundierte Kalkulation der Produkte und Dienstleistungen aufbauen.[15]

In den folgenden Kapiteln sei daher zunächst der allgemeine Aufbau dieser drei elementaren Bestandteile einer Kosten- und Leistungsrechnung aufgezeigt und deren aktueller Stand bei der Lenser Filtration GmbH analysiert.

Im Anschluss hieran sind schließlich die nötigen Schritte zur Weiterentwicklung des bestehenden Kostenrechnungssystems dargelegt.

---

[15] vgl. Hoh (1992), S. 61-113

2 Die Kostenartenrechnung

Grundlage und Ausgangspunkt für jede Kostenrechnung ist die Kostenartenrechnung.

2.1 Aufgaben der Kostenrechnung

Zweck der Kostenartenrechnung ist es, die Kosten ihrer Art nach zu erfassen. Ziel dieser differenzierten Erfassung ist die Unterteilung des Gesamtkostenblocks, um den Werteeinsatz im betrieblichen Leistungserstellungsprozess besser analysieren zu können, die Lieferung der Grundlagen für die Ermittlung des Betriebserfolgs und das Ermöglichen einer vernünftigen Weiterverrechnung der Kosten auf Kostenstellen und Kostenträger.[16]

2.2 Abgrenzung im Betrieb

Die Kostenarten können grundsätzlich aus der Finanzbuchhaltung übernommen werden.

Hinsichtlich einer Harmonisierung von externem und internem Rechnungswesen ist eine Anlehnung an den Kontenplan der Finanzbuchhaltung zu empfehlen.

Eine Abgrenzung hat höchstens stattzufinden bezüglich der neutralen Aufwendungen, welche nicht in das betriebliche Rechnungswesen eingehen sollten, und der Anderskosten (kalkulatorische Kosten / Zusatzkosten).

---

[16] vgl. Witthoff (2001), S. 13

Abbildung 7: Abgrenzung der Kosten zu den Aufwendungen[17]

Aufwendungen, die keine Kosten darstellen (neutrale Aufwendungen), sollten, wie aus der obigen Abbildung hervorgeht, nicht als Kostenarten in die Kostenartenrechnung übernommen werden.

2.3 Differenzierung und Gruppierung der Kostenarten

Im Hinblick auf einen später problemlosen Soll-Ist-Vergleich sollten in der Finanzbuchhaltung abgestimmte Kontierungsanweisungen erstellt werden. Für die Differenzierung und Erfassung gibt es verschiedene Ansätze.[18]

1. nach der **Art der verbrauchten Güter**

Es empfiehlt sich, Kostenartenhauptgruppen für Material-, Personal- und Sachkosten anzulegen, um, wie bereits oben erwähnt, den leistungsbezogenen Werteverzehr genauer analysieren und beispielsweise auch mit Größen wie dem Umsatz oder der Leistung in Bezug setzen zu können (beispielsweise Anteil des Materialeinsatzes am Umsatz in % etc.).

Eine weitere Zusammenfassung der Kosten aus der Finanzbuchhaltung zu Kostenartenuntergruppen erscheint sinnvoll, da es in der Kostenrechnung zum Beispiel genügt, die Sozialkosten in Summe auszuweisen und nicht jede einzelne Kostenart der Finanzbuchhaltung exakt abzubilden.

---

[17] vgl. Olfert (2005), S. 83

[18] vgl. Schweitzer / Küpper (2008), S. 78 ff.

2. nach **Struktur, Erfassbarkeit und Beeinflussbarkeit**

Die Differenzierung nach diesen drei Gesichtspunkten ist von entscheidender Bedeutung auch für die an die Kostenartenrechnung anschließende Kostenstellenrechnung.

Die Aufspaltung/Unterteilung der verschiedenen Kostenarten nach den Kriterien Struktur, Erfassbarkeit und Beeinflussbarkeit bildet ebenfalls die Basis für eine spätere Deckungsbeitragsrechnung.

Was im Weiteren hierunter zu verstehen ist, lässt sich am Kostenwürfel nach A. Deyhle verdeutlichen.[19]

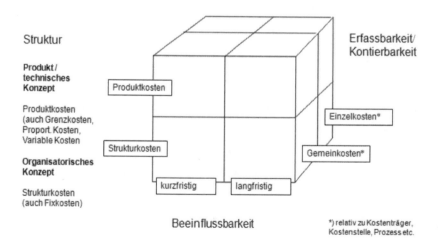

Abbildung 8: Der Kostenwürfel nach Deyhle

Für jede Kostenart muss zunächst analysiert werden, welche Kosten direkt in das Produkt eingehen, also anfallen, damit das Produkt überhaupt entstehen kann (zum Beispiel die kostenmäßig bewertete Arbeitszeit des Mitarbeiters, der ein Produkt bearbeitet, oder das eingesetzte Material).

---

[19] vgl. Deyhle / Radinger (2008), Band 13, S. 482 ff.

Diese Kosten definiert man als Produktkosten. Gebräuchlich sind auch die Begriffe proportionale Kosten, variable Kosten oder Grenzkosten.

Produktkosten verändern sich in Abhängigkeit von der Auslastung (Produktionsmenge, Arbeitsstunden, Maschinenstunden).

Die Kosten, die anfallen, um die Struktur zu unterhalten, die sich um das Produkt bemüht, aber nicht notwendigerweise für dessen Entstehung anfallen, werden als Struktur- oder auch Fixkosten bezeichnet (zum Beispiel Kosten für innerbetrieblichen Transport, Kosten des Vertriebs etc.).

Unter Erfassbarkeit fallen die aus der Finanzbuchhaltung stammenden Begriffe Einzelkosten, Gemeinkosten / unechte Gemeinkosten und Sondereinzelkosten des Vertriebs.

Die Zurechenbarkeit ist hier immer in Relation zu einem bestimmten Objekt zu sehen.[20]

Einzelkosten lassen sich per Beleg direkt einem Bezugsobjekt zuordnen. Ein klassisches Beispiel hierfür sind die Materialkosten, die über die Stückliste direkt einem Produkt (hier ein Kostenträger) zugeordnet werden können.

Personalkosten in der Produktion können im Fall der Maschinenbedienung nicht unbedingt direkt auf Produkte verrechnet werden. Sie wären in diesem Fall als Gemeinkosten zu klassifizieren. In Bezug auf eine Kostenstelle stellen sie jedoch wiederum Einzelkosten dar, da der einzelne Mitarbeiter klar zugeordnet werden könnte.

Gemeinkosten lassen sich, wie eben schon angedeutet, nicht eins zu eins auf einen Kostenträger verrechnen. Sie werden auf den Kostenstellen gesammelt und in der Vollkostenrechnung über Zuschläge oder Umlagen und in der Teilkostenrechnung blockweise verrechnet.

---

[20] vgl. Riebel (1995), S. 43 ff

Unter unechten Gemeinkosten versteht man Einzelkosten, deren Verrechnung auf Kostenträger zu aufwendig wäre, weshalb man sie wie Gemeinkosten behandelt, zum Beispiel Kosten für Schrauben oder andere Kleinteile/Schüttartikel.[21]

Der Kostenwürfel von A. Deyhle erleichtert die Differenzierung der Kostenarten ganz erheblich. So sprechen viele Führungskräfte bei Zeitlöhnen gerne von variablen Kosten, meinen damit aber eigentlich Produktkosten. Denn Personalstärke oder Lohnaufwand sind keinesfalls immer kurzfristig zu beeinflussen und sinken nicht umgehend mit einbrechenden Umsätzen.

Viele Missverständnisse lassen sich so in Diskussionen vermeiden.

Die Aufteilung der Kosten in Produkt- und Strukturkosten ist auch unerlässliche Voraussetzung für Soll-Ist-Vergleiche in der Kostenstellenrechnung oder zur Berechnung von Deckungsbeiträgen in der Managementerfolgsrechnung.

Eine Kostenart, die nicht aus der Finanzbuchhaltung kommt, aber durchaus ihre Berechtigung hat, ist die der kalkulatorischen Kosten. In der Literatur werden hierunter meist die Kostenarten kalkulatorischer Unternehmerlohn, Mieten, Wagnisse, Zinsen und Abschreibungen subsumiert.[22]

2.4 Die Kostenartenrechnung bei der Lenser Filtration GmbH

In der Firma Lenser werden die Kostenarten aus der Finanzbuchhaltung übernommen. Nach Einführung der SAP-Software wird jedes Finanzbuchhaltungskonto exakt einer Kostenart im betrieblichen Rechnungswesen entsprechen.

Wichtig ist es daher, die zahlreichen Kostenarten, die in diesem Detaillierungsgrad nicht in der Kostenrechnung benötigt werden, zu Kostenartengruppen zusammen zu fassen.

---

[21] vgl. Wöhe (1993), S. 1288-1304

[22] vgl. Kilger (1987), S. 116 f.

Hier gilt es einen Mittelweg zu finden. Einerseits schränkt die Erfassung weniger Kostenarten zwar die spätere Weiterverarbeitung und den Informationsgehalt der Kosten ein, andererseits stellt die detaillierte und sinnvolle Übernahme vieler Kostenarten in die Kostenrechnungen einen erheblichen Aufwand dar.[23]

Die aktuelle Gliederung der Kostenarten bei der Lenser Filtration GmbH zeigt nachstehende Abbildung.

Einzelkosten:	Sonstige Personalkosten
Materialeinzelkosten	Abfindungskosten
Produktionslöhne	**Sachkosten:**
Sozialleistungen Produktionslöhne	Reise- & Bewirtungskosten
Gemeinkosten:	Rechts- & Beratungskosten
Betriebsstoffe	Kosten Büro- & Geschäftsausstattung
Energiekosten (Strom/Öl)	Instandhaltungskosten
Personalkosten:	Werkzeugkosten
Kosten Leiharbeiter Produktion	Versicherungskosten
Kosten Leiharbeiter Verwaltung	Marketingkosten
Gemeinkostenlöhne	Mietkosten Versandlager
Sozialleistungen Gemeinkostenlöhne	Mietkosten
Hilfslöhne	KFZ-Kosten
Sozialleistungen Hilfslöhne	Sonstige Betriebskosten
Weiterbildungskosten Lohn	
Gehälter	**Umlagen/innerbetr. Leistungsverrechnungen**
Sozialleistungen Gehälter	

---

[23] vgl. Weber (1997), S. 141

Weiterbildungskosten Gehalt	
Berufsgenossenschaftsbeiträge	
Kosten betriebliche Altersversorgung	

Abbildung 9: Kostenarten der Lenser Filtration GmbH[24]

Eine Aufgliederung der Kosten in Produkt- sowie Strukturkosten findet bisher nicht statt.

Ebenso steht die Unterteilung der Kosten je Kostenstelle in beeinflussbare und nicht beeinflussbare Kosten noch aus.

Auf die genauere Erläuterung der kalkulatorischen Kostenarten wurde in den vorangehenden Abschnitten bewusst verzichtet, da kalkulatorische Kosten nach Konzernvorgabe nicht in die Kostenrechnung einfließen sollen.

3 Kostenstellenrechnung der traditionellen Vollkostenrechnung

3.1 Aufgaben

Die Kostenstellenrechnung beantwortet die Frage, in welchem Bereich des Unternehmens die Kosten entstanden sind.

Die Kostenstellenrechnung übernimmt die Kostenarten aus der Kostenartenrechnung, die den Kostenträgern nicht unmittelbar zugeordnet werden können, also die Gemeinkosten.[25]

Würde man die Gemeinkosten auf die Kostenträger ohne Kostenstellenrechnung zurechnen, also mit einem einheitlichen Zuschlagssatz auf die Einzelkosten, würde zum einen eine Proportionalität der Einzel- und Gemeinkosten unterstellt, zum anderen würden für die einzelnen Kostenträger falsche Selbstkosten ermittelt.

---

[24] eigene Darstellung

[25] vgl. Friedl (2010), S. 128

Die Kostenstellenrechnung ermöglicht eine genauere Zuordnung der Gemeinkosten. Sie gewährleistet die Verrechnung der auf jede Kostenstelle entfallenden Gemeinkosten mittels eines Zuschlagssatzes auf die in der Kostenstelle angefallenen Einzelkosten.

Sie bildet damit das Bindeglied zwischen Kostenarten- und Kostenträgerrechnung.[26]

Abbildung 10: Stellung der Kostenstellenrechung innerhalb der Kosten- und Leistungsrechnung[27]

Kostenstellen, die nicht unmittelbar an der Leistungsbereitstellung teilhaben, verrechnen ihre Gemeinkosten über die innerbetriebliche Leistungsverrechnung an die leistungserbringenden Kostenstellen weiter.[28]

Weitere wichtige Aufgaben der Kostenstellenrechnung sind daher die Verteilung der Gemeinkosten auf die Kostenträger, die Verrechnung innerbetrieblicher Leistungen, die Vorbereitung der Kalkulation sowie die Kontrolle der Wirtschaftlichkeit durch regelmäßige Soll-Ist Abgleiche.[29]

---

[26] vgl. Heinhold (2007), S. 155 ff.

[27] vgl. Olfert (2005), S. 139

[28] vgl. Coenenberg (2009), S. 103

[29] vgl. Olfert (2005), S. 139

3.2 Bildung von Kostenstellen, Kostenstellenplan

Um die Kostenstellenrechnung durchführen zu können, ist der Betrieb in geeignete Abrechnungseinheiten zu gliedern.[30] Jede Abrechnungseinheit, für die Kosten geplant, erfasst und letztendlich kontrolliert werden können, nennt man Kostenstelle.[31]

Bei der Bildung von Kostenstellen sollten einige Kriterien - nachstehend sind die Wichtigsten aufgeführt - berücksichtigt werden.[32]

1. für die Kalkulation sind Kostenstellen am Leistungsprozess auszurichten - > genaue, verursachungsgerechte Maßgrößen sind bestimmbar

2. um Kosten verursachungsgerechter zu Kostenstellen zuordnen und um Leistungs-/Kostenziele für Verantwortliche vorgeben zu können, sind Kostenstellen nach Verantwortungsbereichen oder räumlichen Einheiten zu gliedern (Decisison Accounting)

3. Kostenstellen sollten klar abgegrenzt sein, damit Doppelverrechnungen vermieden werden

Die Basis der Kostenstellenstruktur bildet häufig das Organigramm. Ziel ist es, Verantwortungsbereiche abzugrenzen. Das kann bedeuten, dass eine Führungskraft mehreren Kostenstellen vorsteht. Jede Kostenstelle darf aber nur einer Führungskraft zugeordnet sein.[33]

Kostenstellen können grob in Leistungs- und Budgetkostenstellen unterteilt werden.

---

[30] vgl. Coenenberg (2009), S. 105

[31] vgl. Kilger (1969), S. 870

[32] vgl. Haberstock (2008), S. 104 ff.

[33] vgl. Lutz (2010), St. Galler Business School, Controller Programm Teil 2, Modul Controlling, S. 85

Leistungskostenstellen sind solche, für die eine oder mehrere Bezugsgrößen definiert werden können, zum Beispiel Output in Stunden, Kilogramm, Stück, etc..

Kostenstellen ohne Bezugsgrößen werden Budgetkostenstellen genannt. Für diese können Einflussgrößen, sogenannte Standards of Performance (SoPs), gebildet werden (dies bedingt allerdings eine Prozesskostenrechnung).

Kostenstellen lassen sich weiter differenzieren nach betrieblichen Funktionen (Fertigungsstellen, Verwaltungsstellen, Forschungs- und Entwicklungsstellen etc.), nach produktionstechnischen Gesichtspunkten (Hauptkostenstellen, Hilfskostenstellen etc.) oder nach rechentechnischen Kriterien (primäre, sekundäre Kostenstellen).[34]

Die Ausführungen bezüglich des Detaillierungsgrades bei der Kostenartenrechnung gelten in gleichem Maße für die Kostenstellenrechnung.

Um bei der mehrstufigen Deckungsbeitragsrechnung Strukturkosten auch mehrdimensional zuordnen zu können, sollten die Kostenstellen möglichst detailliert gegliedert werden.

Dem steht jedoch folgendes Problem entgegen: Je genauer die Kostenstellenstruktur, desto schwieriger die Erfassbarkeit und Zuordnung der Kosten zu den Kostenstellen. Es gilt auch hier einen vertretbaren Mittelweg zu finden.

Um die Kostenstellenrechnung zu systematisieren, ist es erforderlich, einen Kostenstellenplan zu erstellen, in dem die Kostenstellen verbindlich festgeschrieben.

---

[34] vgl. Eberlein (2010), S. 99 ff.

3.3 Durchführung der Kostenstellenrechnung

Die Durchführung der Kostenstellenrechnung findet in den meisten Betrieben in tabellarischer Form mit Hilfe eines Betriebsabrechnungsbogen (BAB) statt. Der BAB wird in der Regel monatlich erstellt.
Der typische Aufbau eines BAB in seiner Grundstruktur könnte wie folgt aussehen.

Kostenstellen	Zahlen Buchhaltung	Allg. Bereich	Hilfskostenstellen Produktion	Bereich Fertigung	Bereich Material	Bereich Verwaltung	Bereich Vertrieb
Kostenarten							
Einzelkosten*							
Primärkosten							
Σ Primärkosten							
Sekundärkosten							
Σ Sekundärkosten							
Σ Gemeinkosten							
Kostenüber-/unterdeckung							
Kalkulationssätze							

Abbildung 11: Grundstruktur eines Betriebsabrechnungsbogen[35]

*(zu Informationszwecken, Bezugsgrößen Zuschlagssätze)

---

[35] eigene Darstellung

In vertikaler Richtung werden die Kostenarten, in horizontaler Richtung die Kostenstellen / -bereiche eingetragen.

Voraussetzung für die Erstellung eines BABs ist die Gliederung des gesamten Unternehmens in geeignete Kostenstellen. [36]

In einem nächsten Schritt kann dann der BAB erstellt werden.[37]

Die Kostenstellenrechnung wird in zwei Stufen abgewickelt:

1. Verrechnung der primären Gemeinkosten
2. Verrechnung der sekundären Gemeinkosten

3.3.1 Verrechnung der primären Gemeinkosten

Die primären Gemeinkosten werden aus der Betriebsbuchhaltung übernommen. Man kann sie in Kostenstelleneinzel- und Kostenstellengemeinkosten unterscheiden. Wie auch bei den Kostenträgern können die Kostenstelleneinzelkosten direkt über einen Beleg den jeweiligen Kostenstellen zugeordnet werden.

Die Kostenstellengemeinkosten lassen sich nicht genau den einzelnen Kostenstellen zuordnen und müssen daher mit Hilfe von Verteilungsschlüsseln zugerechnet werden.

Typische Kostenstellengemeinkosten sind, um nur einige zu nennen, zum Beispiel Energiekosten (Zurechnung über Kilowattstunden), Heizungskosten (Zurechnung über m²/m³) oder Versicherungen (Zurechnung über Wert der Anlagen).

---

[36] vgl. Eilenberger (1995), S. 265 f.

[37] vgl. Olfert (2005), S. 151 ff. oder Joos-Sachse (2004), S. 80 ff.

3.3.2 Verrechnung der sekundären Gemeinkosten

Ziel der traditionellen Vollkostenrechnung ist es, alle Kosten, auch alle Gemeinkosten, auf die Kostenträger zu verrechnen. Zu diesem Zweck werden die Allgemeinen sowie die Hilfskostenstellen völlig „aufgelöst" und auf die Hauptkostenstellen verrechnet, da nur diese über Kalkulationssätze in die Kostenträger eingehen.

Es gibt verschiedene Wege, die Sekundärkostenverrechnung durchzuführen.[38] Die wichtigsten sind das Stufenleiterverfahren, das Kostenarten-, das Kostenumlage-, das Kostenstellenausgleichsverfahren oder das mathematische Verfahren.

Allen Verfahren ist gemeinsam, dass sie zu einer vollständigen Entlastung der Allgemeinen-/Hilfskostenstellen führen.

Optional ist die Aufnahme der Einzelkosten. Diese Einzelkosten können, wie bereits dargelegt, den Kostenträgern direkt zugeordnet werden, müssen daher nicht im BAB, also in der Kostenstellenrechnung, erscheinen. Der Information wegen empfiehlt es sich aber, die Einzelkosten mit aufzunehmen. In einem späteren Schritt werden sie schließlich auch zur Bildung von Kalkulationssätzen benötigt.

Der Verrechnung aller Kosten auf die und innerhalb der Kostenstellen folgt die Bildung von Zuschlags- und Kalkulationssätzen in den Hauptkostenstellen für die weitere Kostenträgerrechnung sowie die Kontrolle der Kostenstellenkosten.

3.4 Ermittlung von Kalkulationssätzen

Abgeschlossen wird die Kostenstellenrechnung mit der Bildung von Kalkulationssätzen, um die auf den Kostenstellen gesammelten und verteilten Gemeinkosten auf die Kostenträger weiterverrechnen zu können.

---

[38] vgl. Deimel / Isemann / Müller (2006), S. 177 ff.

Als Basis der Kalkulationssätze können Mengengrößen (zum Beispiel Stückzahlen, Maschinenstunden etc.) oder Wertgrößen (Fertigungseinzelkosten, Herstellkosten etc.) dienen.[39]

Die Ermittlung von Kalkulationssätzen hängt in ihrem Ablauf stark von dem gewählten Kalkulationsverfahren ab. Auf die genaue Berechnung wird daher erst im nächsten Kapitel im Zusammenhang mit der Ausgestaltung der Kostenträgerrechnung eingegangen.

3.5 Die Kostenstellenrechnung bei der Lenser Filtration GmbH

Die EDV-Basis bildet die Buchhaltungssoftware der Datev GmbH.

Aus der Finanzbuchhaltung werden die gesamten kostenstellenrelevanten Konten als Kostenarten in das Kostenrechnungsmodul von Datev übernommen und zu den im vorangehenden Kapitel aufgeführten Kostenartengruppen zusammengefasst.

Die Zurechnung der Kosten auf die Kostenstellen findet bereits in der Finanzbuchhaltung statt, indem bei jedem kostenrechnerisch relevanten Buchungssatz die Kostenstelle im Buchungssatz mitgegeben wird.

Die Kostenstellenrechnung wird sowohl in der Datev Software als auch in Excel durchgeführt.

Verwendet wir ein in Excel entwickelter BAB, da das Tabellenkalkulationsprogramm vielseitigere Möglichkeiten bietet, Umlagen, IBL etc. abzubilden als die aktuelle Software.

Der BAB ist klassisch aufgebaut. Die Kostenstellen werden nach den bekannten Bereichen in Allgemeine-/ Hilfs-/Vorkosten-/Haupt-/Material-/Vertriebs-/Verwaltungs- und Engineeringkostenstellen eingeteilt.

---

[39] vgl. Joos-Sachse (2004), S. 98

	Allgemeine Kostenstellen			Hilfs-kostenstellen			Kostenstellen der Presserei			Kostenstellen der Fertigung			Materialbereich			Engineering		GL/ Administration		Vertrieb		
	EUR	EUR	EUR	EUR	EUR	EUR	EUR	EUR	EUR	EUR	EUR	EUR	EUR	EUR	EUR	EUR	EUR	EUR	EUR	EUR	EUR	EUR
Primärkosten																						
SUMME PRIMÄRE KST-GEMEINKOSTEN																						
Sekundärkosten (Umlagen + innerbetriebliche Leistungsverrechnungen)																						
SUMME PRIMÄRE KST-GEMEINKOSTEN INKL. UMLAGEN																						

Abbildung 12: Betriebsabrechnungsbogen der Lenser Filtration GmbH[40]

Die Primärkosten werden über eine Excelexportschnittstelle aus dem Datev Kostenrechnungsmodul in die Excelkalkulation eingespielt.

Die Verrechnung der Sekundärkosten findet nach dem Treppenverfahren statt.

Zuerst werden die Allgemeinen Kostenstellen auf die Hilfskostenstellen verteilt, da diese ihre Kosten nicht nur an Hauptkostenstellen, sondern auch auf die Hilfskostenstellen verteilen. Im Anschluss daran werden die Hilfskostenstellen inklusive der empfangenen Sekundärkosten an die Hauptkostenstellen entlastet.

Die Verteilung der Gemeinkosten findet mit Hilfe von festen Ersatzschlüsseln statt. Es handelt sich hierbei um Mengen- und Wertschlüssel.

Bei der Lenser Filtration GmbH wurden Schlüssel zur Verteilung der Strom-/Ölkosten, Werkzeugkosten, Personalkosten Produktion, Versicherungen, Raumkosten und IT-Kosten festgelegt. Der folgende Ausschnitt aus dem monatlich erstellten BAB zeigt die Umlagen, mit denen aktuell gerechnet wird.

---

[40] eigene Darstellung

Gebäude	nach m²
Kantine	nach Kopfzahl
Betriebsrat	nach Kopfzahl
Empfang	nach Kopfzahl
EDV	nach IT-Usern
Vers./Geb./Beiträge	nach m²
Öl Presserei	nach m² zu erhitzende Pressfläche
Öl Verwaltung	nach m²
Energie/Strom Produktion	nach durchschnittlicher Anschlussleistung
Energie/Strom Verwaltung	nach m²
Schlosserei	nach %
Innerbetr. Transport	nach %
Infrastruktur	nach %
Werkzeuglager	nach %
Maintenance	nach %
QM	nach Kopfzahl
Quality Department	nach %
Service	nach %
Prod.Plang	nach %
KoSt 4400 R&D	nach %
Umlage aus Vorfertigung	nach %
Engineering Fertigung	nach %
Umlage GF/Verwaltung	nach Kopfzahl

Wie man unschwer erkennen kann, weisen die Umlagen die Schwäche auf, die allen Umlagen gemeinsam ist, es besteht kein verursachungsgerechter Zusammenhang zu den dahinterstehenden Leistungen.

Nach Abschluss der Sekundärkostenverrechnung gilt es die Kalkulationssätze zu ermitteln. Das bei der Lenser Filtration GmbH angewendete Verfahren ist die Maschinenstundensatzrechnung, ausgestaltet als Bruttorechnung.

Das bedeutet, dass in den Maschinenstundensätzen neben den klassischen Kostenarten wie Instandhaltung, Energie, Raum, Abschreibung und Zinsen auch die übrigen Kostenarten, also Personal- und restliche Sachkosten enthalten sind.

Die Maschinenstunden, die in den Hauptkostenstellen, also den Bereichen der Presserei und der Fertigung, als Bezugsgrössen verwendet werden, gelangen über die Betriebsdatenerfassung (BDE) in die Kostenstellenrechnung. Aufgezeichnet werden hier sowohl die Vorgabezeiten auf Basis der „gut" gemeldeten Stückzahlen sowie die Istzeiten. Zur laufenden Kalkulation, mit der die

Planstundensätze regelmäßig abgeglichen werden, dienen die rückgemeldeten Vorgabezeiten.

Aktuell wird keine Platzkostenrechnung durchgeführt. Das bedeutet, dass in der Presserei Maschinen, die dieselben Formate produzieren können, zu einer Maschinengruppe zusammengefasst werden.

Im Bereich der Fertigung werden die Bereiche Vorfertigung, CNC-Bearbeitung, Membranschweißen und Endfertigung zusammengefasst.

		Presserei	Fertigung			
	Erläuterung	Format 1, Format 2, etc.	Vorfertigung	CNC-Bearbeitung	Membran-schweißen	Endfertigung
Maschinenstunden	Produktiv	→				
Planstundensatz	Plankosten /Plankapazität	→				
verrechnete Plankosten	Maschinenstunden x Planstundensatz	→				
IST-Kosten	aus Kostenstellenrechnung	→				
Über-/Unterdeckung	verrechnete Plankosten ./. IST-Kosten	→				

Abbildung 13: Berechnung der Kalkulationssätze bei der Lenser Filtration GmbH[41]

Die Basis zur Berechnung der Planstundensätze, die benötigte Kapazität, wird aktuell jedes Jahr auf Basis des Vorjahrs geschätzt.

Die Budgetkosten der Produktionskostenstellen dividiert durch die benötigten Kapazitäten ergeben schließlich die Planstundensätze, welche für das Budgetjahr Verwendung finden.

Sind die Kostenstellenrechnung sowie die Ermittlung der Maschinenstundensätze abgeschlossen, werden die Ergebnisse in das vom Konzern vorgegebene Berichtsformat zur Betriebsergebnisrechnung übergeleitet.

Die Betriebsergebnisrechnung findet in Form des Umsatzkostenverfahrens statt.

---

[41] eigene Darstellung

Vorweg sei gesagt, dass es sich um eine Kombination aus Umsatzkostenverfahren und Gesamtkostenverfahren handelt, da auch Bestandsveränderungen berücksichtigt werden.

Die Überleitung der Kosten aus der Kostenstellenrechnung in die Betriebsergebnisrechnung ist ohne weitere Anpassungen möglich, da, wie bereits an anderer Stelle erwähnt, keine kalkulatorischen Kostenarten in die Kostenrechnung einfließen dürfen.

	Capital Filter Plates					Σ	Aft Filter Plates					Σ	Σ
	Food	Sludge	Minerals	Mining	Chemicals		Food	Sludge	Minerals	Mining	Chemicals		
Sales													
Changes in work in process and finished goods													
Self constructed assets (Own work capitalized)													
Total revenue													
Manufacturing / Purchasing costs													
Over- Underabsorption of Manufacturing / Purchasing													
Production costs allocated													
Total Manufacturing / Purchasing costs													
Engineering, project management costs [hours x hourly rate]													
Over- Underabsorption of engineering													
Order related Material Expenses													
Other direct contract costs													
Pass through items non-group													
Pass through items intercompany													
Intercompany elimination													
Total other direct contract costs (R134 - R134 c)													
Warranty													
Change of provisions for warranties													
Gross Margin acc.- to SAP-BO FC													
Other operating income													
Other operating expenses													
Selling / Marketing expenses													
Invoiced Divisional Allocation													
Divisional Allocation statistical													
Sales Network income (expense)													
Selling / Marketing / Over- Underabsorption of engineering													
R+D costs													
Invoiced R+D allocation													
R+D allocation statistical													
R+D total													
HQ Allocation statistical													
Invoiced SBA Allocation													
SBA Allocation statistical													
Invoiced Local Allocation													
G&A costs gross													
G&A costs incl. allocation													
Total operating costs (R141 - R147)													
Gross expenses (R132a-R133, R143-R147)													
Interest on Capital Employed													
Profit from operations													
Non operating items													
Risk													
Interest on Capital Employed													
EBITA													
EBITA excl. Allocation													
EBITA w/o Invoiced Allocations													

Abbildung 14: Gewinn- und Verlustrechnung als Kombination aus Gesamt- und Umsatzkostenverfahren[42]

Obige Abbildung veranschaulicht das vorgegebene Berichtsformat.

---

[42] Monatsreporting der Andritz AG

Die Umsätze und Erlösschmälerungen werden aus der Erlösrechnung übernommen, die Kosten, wie bereits erwähnt, aus der Kostenstellenrechnung ermittelt.

Die Kostenstellenrechnung sowie die Betriebsergebnisrechnung werden derzeit auf Vollkostenbasis durchgeführt.

Aufgrund des starren Plankostenrechnungssystems und der daher fehlenden Kostenspaltung ist momentan keine Berechnung von Sollkosten möglich. Es werden monatlich die Plankosten der Planbeschäftigung mit den Istkosten verglichen. Eine aussagefähige Analyse ist so nicht möglich. Für das offizielle Reporting wird nur die Über- oder Unterdeckung je Kostenstelle gemeldet. Da die Istleistung hierzu mit den Plankosten multipliziert und anschließend der Kostenstellensumme im Ist gegenübergestellt wird, entstehen bei jeder Beschäftigungsabweichung im Ist Differenzen, die kaum zu analysieren sind.

Die folgende Abbildung zeigt die aktuelle Abweichungsanalyse:

IST	HZP >2000	Summen Presserei	CNC	Summen Fertigung	Material- kosten	TOTAL
Direct Labour Hours (DLH) (BDE-SOLL)	2.000	2.000	1.500	1.500		3.500
DLH (BDE-IST)	2.200	2.200	1.600	1.600		3.800
Hourly Rates	-50,00	-50,00	-55,00	-55,00		
DLH x Hourly Rates	-100.000	-100.000	-82.500	-82.500		-182.500
Material Adder	0	0	0	0	-5.000.000	-250.000
Costs charged to project/order	-100.000	-100.000	-82.500	-82.500		-432.500
Materialcostcenters Expenses	0	0	0	0		-35.000
Regranulation Expenses (net incl. in hourly rates)		0		0		-40.000
Manufactoring Expenses	-70.000	-70.000	-50.000	-50.000		-120.000
Allocations	-100.000	-100.000	-10.000	-10.000		-110.000
Manufactoring Expenses (incl.Alloc.)	-170.000	-170.000	-60.000	-60.000		-305.000
Over-/Underabsorption	-70.000	-70.000	22.500	22.500		127.500
Hourly Rates SOLL	-85,00	-85,00	-40,00			Überdeckung
Adjustment Hourly Rates	70%	70%	-27%			

Abbildung 15: Kostenanalyse auf Kostenstellenebene am Beispiel von zwei Kostenstellengruppen[43]

---

[43] eigene Darstellung

4 Kostenträgerrechnung der traditionellen Vollkostenrechnung

4.1 Aufgaben

Mit Hilfe der Kostenträgerrechnung soll ermittelt werden, wofür die Kosten im Unternehmen angefallen sind.

Sie dient außerdem dazu, die Kosten und den Erfolg der Kostenträger zu ermitteln, Informationen für die Preis-, die Programm- und die Beschaffungspolitik sowie für die Bestandsbewertung bereitzustellen.[44]

Die Kostenträgerrechnung kann aufbauend auf der Kostenarten- und Kostenstellenrechnung durchgeführt werden.

4.2 Definition von Kostenträgern

Unter Kostenträgern können sowohl einzelne Produkte/Dienstleistungen als auch ein bestimmter Zeitraum (Monat, Quartal etc.) verstanden werden.

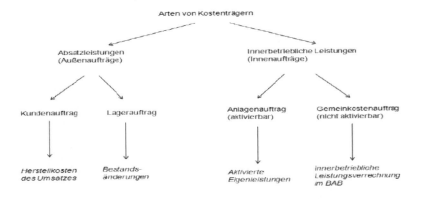

Abbildung 16: Arten von Kostenträgern[45]

---

[44] vgl. Vormbaum / Ornau (1992), S. 533 f.

[45] vgl. Haberstock (2008), S. 143

4.3 Prinzipien der Kostenverrechnung innerhalb der Kostenträgerrechnung

Im Weiteren sollen nur zum Verkauf bestimmte Leistungen im Mittelpunkt der Betrachtung stehen.

Die Belastung der Kostenträger kann nach drei unterschiedlichen Prinzipien – dem Kostenverursachungsprinzip, dem Durchschnittsprinzip und dem Tragfähigkeitsprinzip – durchgeführt werden.

Nach dem Kostenverursachungsprinzip sind den Kostenträgern nur die Kosten zuzurechnen, die auch durch sie verursacht wurden. Diesem Prinzip werden nur die Verfahren der Teilkostenrechnung gerecht. Die Vollkostenrechnung kann diese Forderung nicht erfüllen, da sie sowohl Produkt- als auch Strukturkostenbestandteile auf die Kostenträger verrechnet.[46]

Das Durchschnittsprinzip versucht die Forderungen des Kostenverursachungsprinzips etwas abzuschwächen und verlangt „lediglich" eine richtige Verteilung der Gemeinkosten.

Nach dem Kostentragfähigkeitsprinzip werden die Kosten allein nach der Belastbarkeit der einzelnen Kostenträger verteilt. Das bedeutet, dass Kostenträger mit einem höheren Gewinnbeitrag auch mehr Kosten tragen können.

Da die Kosten hier weitestgehend willkürlich verteilt werden, steht dieses Prinzip den ersten beiden entgegen.[47]

4.4 Arten der Kostenträgerrechnung

Die Kostenträgerrechnung kann in zwei Varianten unterschieden werden[48], in die Kostenträgerstückrechnung (Kalkulation der Herstellkosten und Selbstkosten) und die Kostenträgerzeitrechnung (kurzfristige Betriebsergebnisrechnung).

---

[46] vgl. Kosiol (1979), S. 29 und 142 ff.

[47] vgl. Schweitzer / Küpper (2008), S. 54 ff. oder Preißler (2005), S. 22

[48] vgl. Coenenberg (2009), S. 123

4.4.1 Kostenträgerstücksrechnung (Kalkulation)

In der Kostenträgerstückrechnung soll ermittelt werden, welche Kosten für eine Erzeugniseinheit angefallen sind.

In der Vollkostenrechnung liegt das Augenmerk nur auf den vollen Herstell- beziehungsweise Selbstkosten je Einheit. Das bereits angesprochene Problem der Vollkostenrechnung liegt in der verursachungsgerechten Zurechnung von Gemeinkosten auf Kostenträger. Dieses Problem tritt bereits in der Kostenstellenrechnung bei der verursachungsgerechten Zuordnung der Primär- und Sekundärkosten auf Kostenstellen auf und setzt sich in der Kostenträgerrechnung fort.

Die Kalkulation verfolgt die Ziele, Herstell-/Selbstkosten zur Unterstützung von Managemententscheidungen (zum Beispiel Make-or-Buy-Entscheidungen, Preisbildung) zu ermitteln, damit auch die kurzfristige Ergebnisrechnung vorzubereiten und die Daten zur Bewertung von Beständen an unfertigen und fertigen Erzeugnissen zu Herstellungskosten für die Handels- und Steuerbilanz zu liefern.[49]

Die Kalkulation lässt sich je nach dem Zeitpunkt, in dem sie vorgenommen wird, unterscheiden in die Vorkalkulation, die Zwischenkalkulation und die Nachkalkulation.[50]

Die Vorkalkulation findet vor Beginn der Leistungserstellung Anwendung. In der Regel müssen in diesem Stadium die Kosten geschätzt werden. Eine Plankalkulation, die auf der Basis von Stücklisten und Arbeitsplänen die Kosten berechnet, findet bei der Lenser Filtration GmbH beispielsweise erst nach der Auftragsklärung statt. Der Auftrag wurde dann bereits auf Grundlage eines nach

---

[49] vgl. Kilger (1969), S. 882 ff.

[50] vgl. Hoitsch / Lingnau (2004), S. 219

Erfahrungswerten geschätzten Angebots angenommen. Die Stücklisten und Arbeitspläne stehen nach Freigabe der technischen Zeichnungen zu Vorkalkulationszwecken zur Verfügung.

Die Zwischenkalkulation (mitlaufende Kalkulation) dient bei Aufträgen mit langer Laufzeit zur Kontrolle der Kosteneinhaltung oder auch zur bilanziellen Bewertung (→ Percentage of Completion Method). Mit der Nachkalkulation schließlich wird geprüft, welche Kosten tatsächlich für ein Produkt/einen Auftrag angefallen sind. Sie dient ebenfalls der Überprüfung der Genauigkeit der Vorkalkulation.

Die folgende Abbildung zeigt vorab einen Überblick über die unterschiedlichen Varianten der Kalkulation.

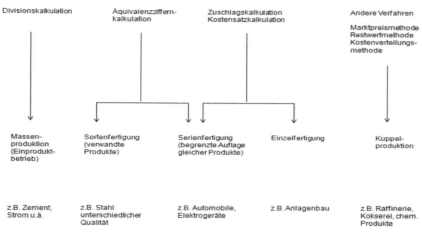

Abbildung 17: Arten und Anwendungsbedingungen von Kalkulationsverfahren[51]

---

[51] eigene Darstellung, vgl. auch Steger (2006), S. 283 ff.

4.4.1.1 Divisionskalkulation

Die Grundlage der Divisionskalkulation bildet eine Durchschnittsbetrachtung. In ihrer einfachsten Form, der einstufigen Divisionskalkulation, werden alle innerhalb einer Periode angefallenen primären Einzel- und Gemeinkosten durch die Menge der produzierten Stück dividiert.

$$\text{Selbstkosten} = \frac{\text{Gesamtkosten}}{\text{Produktionsmenge}}$$

Diese Form der Kostenträgerrechnung macht nur dann Sinn und erfüllt die Forderung nach verursachungsgerechter Kostenzuordnung nur dann, wenn folgende Voraussetzungen gegeben sind:

Einproduktunternehmen

keine Bewegungen bei Halbfabrikaten

keine Bewegung bei Fertigfabrikaten

Anwendung findet diese Form der Kalkulation bei Unternehmen mit einheitlicher Massenfertigung, zum Beispiel Elektrizitätserzeugung. In Mehrproduktunternehmen lässt sich die Divisionskalkulation für einzelne Kostenstellen beispielsweise aus dem allgemeinen Bereich (eigene Stromerzeugung) verwenden.

Hebt man Bedingung drei auf, gelangt man zur zweistufigen Divisionskalkulation, hebt man zusätzlich noch Bedingung zwei auf, ergibt sich schließlich die mehrstufige Divisionskalkulation.[52]

Die zweistufige Divisionskalkulation kann nach folgendem Schema durchgeführt werden:

---

[52] vgl. Jorasz (2009), S. 185 ff.

$$\text{Selbstkosten} = \frac{\text{Herstellkosten}}{\text{Produktionsmenge}} + \frac{\text{Verwaltungs- und Vertriebskosten}}{\text{Absatzmenge}}$$

Wie man erkennt, ist bereits bei der zweistufigen Divisionskalkulation eine Kostenstellenrechnung erforderlich.

Die Verwaltungs- und Vertriebskosten sind aus den Gesamtkosten herauszurechnen, um die Produkte, die auf Lager gelegt werden, nicht mit Vertriebskosten zu belasten, die sie nicht verursacht haben, und um die Preisuntergrenze nicht zu niedrig anzusetzen.[53]

Die mehrstufige Divisionskalkulation lässt sich nach zwei Methoden durchführen:

mehrstufige Divisionskalkulation nach der Durchwälzmethode

mehrstufige Divisionskalkulation nach der Additionsmethode

Voraussetzung ist auch hier wieder, dass der Betrieb ein einheitliches Produkt herstellt. Im Unterschied zu den ersten beiden Varianten (Divisionskalkulation, zweistufige Divisionskalkulation) findet die Produktion nun aber in mehreren Stufen statt. Es wird also mit sich ändernden Beständen an unfertigen Erzeugnissen je Fertigungsstufe gearbeitet.[54]

Nach der 1. Methode lautet die Formel zur Berechnung der Selbstkosten

1. Stufe $kh,1 = Kh,1 : x1$

2. Stufe $kh,2 = (kh,1 \times mx1 + Kh,2) : x2$

3. Stufe $kh,3 = (kh,2 \times mx2 + Kh,3) : x3$

etc.

---

[53] vgl. Känel (2008), S. 265

[54] vgl. Coenenberg (2009), S. 126 ff.

Dabei stehen Kh,n für die Gesamtkosten, xn für die hergestellte Menge, kh,n für die Stückkosten der jeweiligen Stufe und mxn für die Menge der Vorprodukte, die in der Folgestufe weiterverarbeitet werden.[55]

Kommt die 2. Methode zur Anwendung, geht man nach folgender Formel vor:

Herstellkosten pro Einheit in Stufe i k Stufe i =

$$\underbrace{\frac{\text{Gesamtkosten Stufe i}}{\text{Outputmenge Stufe i}}}_{\text{Herstellkosten Stufe i}} + \underbrace{(\text{Einsatzfaktor Stufe i-1}) \times \text{Herstellkosten Stufe i-1}}_{\text{Korrekturterm für Einsatzfaktor}}$$

Die Herstellkosten je Einheit ergeben sich dann aufsummiert bis Stufe i ($= \sum_{i=}^{i} k$ Stufe i).[56]

Das Problem der Divisionskalkulation ist, dass sie nur sehr eingeschränkt angewendet werden kann. Die ausschließliche Anwendbarkeit bei homogener Produktstruktur führt zu ihrem relativ seltenen Einsatz in der Praxis.

4.4.1.2 Zuschlagskalkulation

Der Grundgedanke der Zuschlagskalkulation ist, die Kostenträger mit ihren Einzelkosten direkt zu belasten und die Gemeinkosten über Zuschlagssätze zu verrechnen.

Anwendung findet die Zuschlagskalkulation in Unternehmen, die vor allem in der Serien- oder Einzelfertigung tätig sind.

Voraussetzung für die Anwendbarkeit der Zuschlagskalkulation ist zum einen eine Trennung der Kostenarten in Kostenträgereinzel- und -gemeinkosten, zum anderen eine Kostenstellenrechnung.

---

[55] vgl. Joos-Sachse (2004), S. 103

[56] vgl. Coenenberg (2009), S. 128 ff.

Die Einzelkosten werden direkt auf die Leistungen des Unternehmens verrechnet, während die Gemeinkosten gesammelt, nach Art und Herkunft getrennt, mit Hilfe des BAB auf die Kostenstellen verrechnet und durch einen prozentualen Zuschlag auf die Einzelkosten möglichst verursachungsgerecht verrechnet werden.[57]

Man kann die Zuschlagskalkulation unterscheiden in die summarische und die differenzierende Zuschlagskalkulation.

Die summarische Zuschlagskalkulation soll nicht weiter vertieft werden, da sie ein einfaches, aber auch unzureichendes, da ungenaues Verfahren der Kalkulation darstellt.

Prinzipiell erfordert diese Variante keine Kostenstellenrechnung und führt dadurch schon zu keiner verursachungsgerechten Zuordnung der Kosten. Sie lässt sich einsetzten, wenn Gemeinkosten nur in geringem Umfang anfallen.

Die Berechnung der Zuschlagssätze wird grob nach folgendem Verfahren durchgeführt:

$$Zuschlagssatz = \frac{Gesamte\ Gemeinkosten\ der\ Periode}{Gesamte\ Einzelkosten\ der\ Periode}$$

Mit der differenzierenden Zuschlagskalkulation versucht man den Mangel der nicht verursachungsgerechten Kostenzuordnung zu beheben, indem man Zuschlagsbasen verwendet, die in ursächlichem Zusammenhang mit der Entstehung der Gemeinkosten stehen.

Die Gemeinkosten werden dazu mit Hilfe des BAB in die Hauptbereiche Fertigung, Material, Verwaltung und Vertrieb verteilt.

Im Anschluss daran werden die Gemeinkosten als Zuschlag zu den Einzelkosten möglichst verursachungsgerecht auf die Kostenträger weiterverrechnet.

---

[57] vgl. Pinnekamp (1998), S. 12 u. 346

Dieser Kalkulationsvariante liegt der Gedanke zugrunde, dass die heterogenen Produkte eines Mehrproduktunternehmens nicht nur unterschiedliche Einzelkosten verursachen, sondern auch Gemeinkosten in unterschiedlicher Höhe zur Folge haben.

Das in der folgenden Abbildung dargestellte Grundschema veranschaulicht die differenzierende Zuschlagskalkulation.

	Fertigungsmaterial (EK)
+	Material-GK-Zuschlag
=	Materialkosten
+	Fertigungslöhne (EK)
+	Fertigungs-GK-Zuschlag
=	Fertigungskosten
+	Sonder-Einzelkosten der Fertigung
=	Herstellkosten
	+ Zuschlag für GK der Forschung und Entwicklung
	+ Verwaltungs-GK-Zuschlag (auf HK der Fertigung o. des Umsatzes)
	+ Vertiebs-Gk-Zuschla (auf HK des Umsatzes)
	+ Sonder-Einzelkosten des Vertriebs
	= Selbstkosten

Abbildung 18: Schema der mehrstufigen Zuschlagskalkulation[58]

Fertigungsbereich unterteilt wird, im Fall der Lenser Filtration GmbH beispielsweise in die Bereiche Presserei, Vorfertigung, CNC-Bearbeitung, Membranschweißen und Endfertigung, und indem man für jeden Bereich entsprechende Zuschlagssätze ermittelt.

Die Zuschlagssätze werden, wie bereits erwähnt, im BAB ermittelt und nach folgenden Formeln berechnet:

$$\text{Materialgemeinkostenzuschlag} = \frac{\text{Materialgemeinkosten}}{\text{Materialeinzelkosten}} \times 100$$

$$\text{Fertigungsgemeinkostenzuschlag} = \frac{\text{Fertigungsgemeinkosten}}{\text{Fertigungseinzelkosten}} \times 100$$

$$\text{Verwaltungsgemeinkostenzuschlag} = \frac{\text{Verwaltungskosten}}{\text{Herstellkosten}} \times 100$$

$$\text{Vertriebsgemeinkostenzuschlag} = \frac{\text{Vertriebskosten}}{\text{Herstellkosten}} \times 100$$

Als Herstellkosten werden meist die Herstellkosten des Umsatzes gewählt, also inklusive der Kosten der Bestandsveränderung. Man kann aber auch die Herstellkosten der Fertigung verwenden.

Ein von der Zuschlagskalkulation abgeleitetes Verfahren stellt die Maschinenstundensatzrechnung dar.

Die differenzierende Zuschlagskalkulation ist verhältnismäßig einfach anzuwenden und führt bei lohnintensiver Fertigung zu guten Kalkulationsergebnissen.

Problematisch wird die Rechnung, wenn der Mechanisierungs- beziehungsweise Automatisierungsgrad in der Fertigung stark zunimmt.[59]

Bei steigender Automatisierung nimmt der Anteil der Lohneinzelkosten ab und der Anteil an maschinenabhängigen Kosten zu. Das bedeutet, dass die Bezugsbasis zur Berechnung der Fertigungsgemeinkostenzuschläge immer mehr abnimmt und die Fertigungsgemeinkosten im Verhältnis zu den Einzelkosten

---

[59] vgl. Joos-Sachse (2004), S. 121

überproportional steigen. Einen Ursache-Wirkungs-Zusammenhang zwischen den Fertigungseinzel- und -gemeinkosten nachzuweisen, wird dadurch nahezu unmöglich.

Um dieses Problem zu beheben, sind viele Unternehmen dazu übergegangen, anstatt der Fertigungseinzelkosten die Maschinenlaufzeit als Bezugsgröße zur Verrechnung der Fertigungsgemeinkosten heranzuziehen. Man spricht dann von der Maschinenstundensatzrechnung. [60]

Die Verrechnung der Gemeinkosten in den übrigen Bereichen bleibt in der Maschinenstundensatzrechnung identisch mit der differenzierenden Zuschlagskalkulation.

In ihrer Grundform unterscheidet die Maschinenstundensatzrechnung maschinenabhängige und nicht maschinenabhängige Fertigungsgemeinkosten.

Zu ersteren werden in der Regel die Kostenarten kalkulatorische Abschreibungen, Zinsen, Raumkosten, Wagnisse sowie Instandhaltungs-, Energie-, Werkzeug- und Versicherungskosten gezählt. Alle übrigen Kosten, vor allem Gemeinkostenlöhne, Gehälter und darauf entfallende Sozialkosten werden unter den sogenannten Restgemeinkosten zusammengefasst.

Voraussetzung dieser Kalkulationsvariante ist eine detaillierte Kostenstellenrechnung/-gliederung, um die Gemeinkosten möglichst verursachungsgenau den jeweiligen Maschinenkostenstellen oder sogar Kostenplätzen zurechnen zu können. Weitere Voraussetzung ist eine genaue Zuordnung/Aufteilung der Kostenarten zu maschinenabhängigen Fertigungsgemeinkosten und Restgemeinkosten. Diese Detaillierung wird nicht immer möglich sein.[61] In ihrer Grundform wird die Maschinenstundensatzkalkulation nach folgendem Schema abgewickelt werden:

---

[60] vgl. Schmidt / Wenzel (1989), S. 147 ff.

[61] vgl. Schildbach / Homburg (2008), S. 162 ff.

$$\text{Maschinenstundensatz} = \frac{\text{Maschinenabhängige Fertigungs-GK}}{\text{Maschinenlaufzeit}}$$

Fertigungslohnkosten
+ maschinenabhängige Fertigungs-GK
(Maschinenstundensatz x Maschinenbeanspruchung / Erzeugniseinheit)
+ Rest-Fertigungs-GK (% der Fertigungseinzelkosten)
+ Sondereinzelkosten der Fertigung
= Fertigungskosten

In der Praxis finden sich noch zwei weitere Varianten der Maschinenstundensatzkalkulation, die sich vor allem danach unterscheiden lassen, in welchem Umfang weitere Gemeinkosten in die Maschinenstundensätze einbezogen werden.[62]

Bei Variante 1 wird kein eigener Zuschlagssatz für die Restgemeinkosten mehr gebildet. Dies macht Sinn, wenn die Restgemeinkosten im Verhältnis zu den maschinenabhängigen keine große Rolle spielen.

$$\text{Maschinenstundensatz} = \frac{\text{Gesamte Fertigungs-GK}}{\text{Maschinenlaufzeit}}$$

Variante 2 schließt auch noch die Lohneinzelkosten in den Maschinenstundensatz mit ein.

Dieser Stundensatz findet häufig in Unternehmen Anwendung, deren Fertigung hochautomatisiert ist, so dass die Lohnkosten kaum noch ins Gewicht fallen.

$$\text{Maschinenstundensatz} = \frac{\text{Gesamte Fertigungskosten}}{\text{Maschinenlaufzeit}}$$

Mit dieser Variante kalkuliert derzeit auch die Lenser Filtration GmbH. Der Grund dafür liegt allerdings nicht in den geringen Lohneinzelkosten.

---

[62] vgl. Joos-Sachse (2004), S. 123

Das Problem ist hier vielmehr die Mehrmaschinenbedienung. In den Arbeitsplänen der Produkte werden die Bearbeitungszeiten der Mitarbeiter in der Fertigung nicht abgebildet, da sie nicht verursachungsgerecht einem Produkt oder Auftrag zugeordnet werden können.

Man behilft sich damit, die Lohneinzelkosten ebenfalls in den jeweiligen Maschinenstundensatz mit einzurechnen, und unterstellt somit eine Relation zwischen in Anspruch genommener Maschinenzeit und Bearbeitungszeit des Mitarbeiters.

4.4.2 Die Kostenträgerzeitrechnung / kurzfristige Ergebnisrechnung

Im Gegensatz zur Kostenträgerstückrechnung (Kalkulation) stehen bei der Kostenträgerzeitrechnung nicht die Kosten eines einzelnen Produktes im Mittelpunkt der Betrachtung, sondern die Kosten einer definierten Abrechnungsperiode (in der Regel ein Monat).

Schließt man die Erlösrechnung noch mit ein, gelangt man zur kurzfristigen Ergebnisrechnung.

Die wesentlichen Aufgaben der Kostenträgerzeitrechnung sind

- die Ermittlung des Betriebsergebnisses einer definierten Abrechnungsperiode und somit der Wirtschaftlichkeit

- die Analyse der Kostenstruktur und, unter Einbezug der Erlösrechnung, auch der Erfolgsquellen.

Parallel zur kurzfristigen Betriebsergebnisrechnung wird das Ergebnis eines Unternehmens über die nach Handels- und Steuerrecht obligatorische Gewinn- und Verlustrechnung (GuV-Rechnung) ermittelt.

Die Hauptunterschiede zwischen den beiden genannten Ergebnisrechnungen liegen darin, dass die GuV-Rechnung Erträge und Aufwendungen mit dem Ziel erfasst, das Gesamtergebnis (Bilanzgewinn oder -verlust) des Unternehmens zu ermitteln, während in der Betriebsergebnisrechnung Kosten und Leistungen interessieren, aus welchem das Betriebsergebnis gewonnen wird. Wie schon der Name Betriebsergebnisrechnung erkennen lässt, bleiben hier neutrale Erträge und Aufwendungen, die nicht mit der betrieblichen Tätigkeit in Zusammenhang stehen, außer Betracht. Die Betriebsergebnisrechnung berücksichtigt des Weiteren kalkulatorische Kosten, die in die GuV-Rechnung aufgrund rechtlicher Vorschriften nicht einfließen dürfen.

Die Betriebsergebnisrechnung bietet im Hinblick auf die Gewinnung steuerungsrelevanter Informationen weitere Vorteile gegenüber der GuV-Rechnung.

So haben handels- und steuerrechtliche Bewertungswahlrechte keinen Einfluss auf das Betriebsergebnis. Die Betriebsergebnisrechnung kann in kurzen Abständen und zudem in tabellarischer Form durchgeführt werden, während die GuV-Rechnung nur einmal jährlich zu erstellen ist.[63]

Wie oben erläutert, besteht die Hauptaufgabe der Kostenträgerzeitrechnung in der Ermittlung des Betriebsergebnisses einer Periode.

Zu diesem Zweck müssen die Erlöse und Kosten einer Periode miteinander vergleichbar sein.

Das ist jedoch nicht mehr gegeben, wenn die produzierten Leistungen einer Periode nicht mit den abgesetzten Leistungen übereinstimmen. Denn die Kosten beziehen sich dann auf die produzierten, die Erlöse jedoch nur auf die abgesetzten Leistungen.

Absatz > Produktion → Bestandsabbau

Absatz < Produktion → Bestandsaufbau

Um die Bestandsveränderungen zu berücksichtigen, stehen für die Kostenträgerzeitrechnung zwei verschiedene Verfahren, das

---

[63] vgl. Hummel / Männel (1986), S.317 ff.

Umsatzkostenverfahren (UKV) und das Gesamtkostenkostenverfahren (GKV), zur Verfügung.

4.4.2.1 Kostenträgerzeitrechnung nach dem Umsatzkostenverfahren

Das UKV stellt den Umsatzerlösen einer Periode die Herstellkosten der abgesetzten Leistungen und die nicht zu den Herstellkosten zählenden Gemeinkosten (für Verwaltung, Vertrieb und Forschung) gegenüber.[64]

Um die Herstellkosten des Umsatzes zu ermitteln, muss deshalb beim UKV vorab eine Kostenträgerstückrechnung durchgeführt werden.

Bei einem Bestandsaufbau sind im UKV die auf den Aufbau entfallenden Herstellkosten nicht in der Ergebnisrechnung zu berücksichtigen. Ergebniswirksam werden also nur die durch den Umsatz generierten Herstellkosten.

Kommt es in der Periode zu einem Bestandsabbau, sind im Umkehrschluss die Herstellkosten aus früheren Perioden auf die Herstellkosten der aktuellen Periode aufzurechnen.

Das Betriebsergebnis kann dann in Konten- oder Staffelform dargestellt werden.

Da bei der Lenser Filtration GmbH die Staffelform Anwendung findet, wird diese kurz in folgender Abbildung dargestellt.

---

[64] vgl. Schildbach / Homburg (2008), S. 186 ff.

```
  Umsatzerlöse der Periode (sales)
- Herstellkosten des Umsatzes (costs of goods sold)   (nach Kostenträgern)
= Bruttoergebnis (Gross Profit)
- Forschung &Entwicklung Kosten              ⎫   Nicht-Herstellkosten
  (Research & Developement expenses)         ⎬   (nach Kostenstellen)
- Vertriebskosten (sales expenses)           ⎭   (sekundäre Kosten-
                                                 gliederung)
- Verwaltungskosten
  (General & Administration costs)
= Betriebsergebnis der Periode (EBITA)
```

Abbildung 19: Kostenträgerzeitrechnung nach dem UKV in Staffelform[65]

4.4.2.2 Kostenträgerzeitrechnung nach dem Gesamtkostenverfahren

Das Gesamtkostenverfahren stellt zum Zwecke der Ergebnisermittlung die gesamten primären Kosten dem Umsatz der Periode gegenüber.

Treten Bestandsveränderungen auf, ermittelt das GKV die Gesamtleistung der Periode, um Kosten und Leistungen wieder vergleichbar zu machen.

Das bedeutet, dass im Fall eines Bestandsaufbaus die Umsätze um die zu Herstellkosten bewertete Bestandserhöhung (zuzüglich eventueller Eigenleistungen) zu erhöhen sind.

Umgekehrt verhält es sich, wenn in der Periode weniger produziert als abgesetzt wurde.

---

[65] vgl. Coenenberg (2009), S. 174

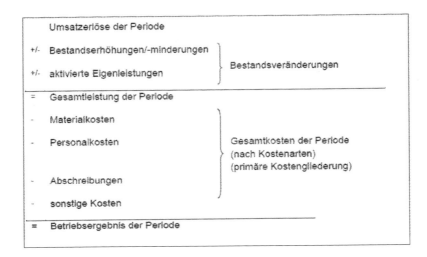

Abbildung 20: Betriebsrechnung nach dem GKV in Staffelform[66]

Wie man aus den beiden letzten Abbildungen erkennen kann, führt sowohl das UKV als auch das GKV zu demselben Betriebsergebnis.

Der Unterschied besteht, wie erläutert, vor allem im unterschiedlichen Ausweis der Bestandsveränderungen.

Eine dritte Möglichkeit der - in der Praxis ebenfalls anzutreffenden - Darstellung, so auch bei der Andritz AG, ist die Kombination der beiden Verfahren.[67]

Ein weiterer offensichtlicher Unterschied der beiden Verfahren liegt in der Art des Kostenausweises.

Während im UKV die Kosten der Periode nach Kostenstellen zusammengefasst werden, gliedert das GKV die Kosten nach Kostenarten.

Die Verfahren ermöglichen so unterschiedliche Ansatzpunkte zur Kostenanalyse.

---

[66] vgl. Coenenberg (2009), S. 176

[67] vgl. Horngren (2008)

Bei Anwendung des GKV lässt sich rasch erkennen, wie sich der Einsatz der Produktionsfaktoren im Verhältnis zu Umsatz oder Leistung verändert, wohingegen das UKV einen Einblick in die Kostenstruktur und -intensität der verschiedenen Unternehmensbereiche ermöglicht.

Die Wahl des UKV´s bietet vor allem zwei Vorteile.

Bei Abschlüssen nach den IFRS oder auch den US-GAAP kommt vor allem das UKV zur Anwendung.

Im Zuge einer Harmonisierung von externem und internem Rechnungswesen bietet es sich daher an, auch die Kostenträgerzeitrechnung danach aufzubauen.

Darüber hinaus wird vielfach der Ausweis des Bruttogewinns (Gross Profit oder prozentual Gross Margin) als Indikator der operativen Profitabilität gesehen und als zentrale Steuerungsgröße in das Berichtswesen mit aufgenommen.[68]

4.5 Die Kostenträgerrechnung bei der Lenser Filtration GmbH

Die Kostenträgerrechnung wird bei der Lenser Filtration GmbH mit dem Verfahren der Zuschlagskalkulation durchgeführt.

Konkret gesagt, findet die Maschinenstundensatzrechnung nach Variante 2, die in Kapitel 4.4.1.2 ausgeführt ist, Anwendung.

Deshalb nochmal die Formel, nach der die Berechnung erfolgt:

$$\text{Maschinenstundensatz} = \frac{\text{Gesamte Fertigungskosten}}{\text{Maschinenlaufzeit}}$$

Der Fertigungsbereich ist bei der Lenser Filtration GmbH in die beiden Hauptbereiche Presserei und Fertigung untergliedert.

---

[68] vgl. Jorasz (2009), S. 204 f.

Die Presserei wird in sieben Kostenstellen(Maschinen-)gruppen nach den Kriterien Produktgruppe und hierunter weiter nach Pressformat unterteilt. Die Gruppen in der Presserei umfassen Pressen für Kammerplatten < 1 m x 1 m, < 1,5 m x 1,5 m und >= 1,5 m x 1,5 m, Pressen für Membranplatten < 1,5 m x 1,5 und >= 1,5 m x 1,5 m sowie Pressen für Halbzeuge < 2 m x 2 m und >= 2 m x 2 m.

Der Bereich der Fertigung unterteilt sich in die Abteilungen Vorfertigung, CNC-Bearbeitung, Membranschweißen und Endfertigung.

Für jede dieser insgesamt elf Gruppen wird ein Maschinenstundensatz berechnet. Bezugsgröße ist in jedem Fall die Maschinenlaufzeit.

Als Maschinenlaufzeit werden die Sollstunden, die im jeweiligen Arbeitsplan hinterlegt sind, verwendet.

Die Berechnung wird anhand der CNC-Bearbeitung veranschaulicht:

Die Maschinenstundensätze werden einmal, und zwar am Ende des Jahres, als Planstundensätze berechnet. Die Kalkulation läuft nach folgendem Schema ab:

Materialeinzelkosten
+ Materialgemeinkosten
+ maschinenabhängige Fertigungs-Gemeinkosten
(Maschinenstundensatz x Maschinenbeanspruchung / Erzeugniseinheit)
+ Sondereinzelkosten der Fertigung
=Herstellkosten
+ Forschungs- und Entwicklungskosten
+ Vertriebsgemeinkosten
+ Verwaltungsgemeinkosten
Selbstkosten

Abbildung 21: Betriebsrechnung nach dem GKV in Staffelform[69]

---

[69] eigene Darstellung

5 Teilkostenrechnung

5.1 Definition und Abgrenzung zur Vollkostenrechnung

Die Teilkostenrechnungssysteme verrechnen, wie der Name bereits erkennen lässt, nur einen Teil der Gesamtkosten. Das bedeutet, dass in der Kostenträgerstückrechnung nur die den Kostenträgern verursachungsgerecht zuordenbaren Kosten verrechnet werden. In der Kostenträgerzeitrechnung werden die Teilkosten ebenfalls separat ausgewiesen. Die restlichen Kosten werden dann ergänzend berücksichtigt. Das Ergebnis ist dasselbe wie in der Vollkostenrechnung.

5.2 Kritik der traditionellen Vollkostenrechnung

Die Systeme der Teilkostenrechnung wurden entwickelt, weil die Kostenrechnung zu Vollkosten, bei bestimmten Entscheidungssituationen, einige gravierende Schwachpunkte aufweist.

Charakteristisch für die Vollkostenrechnung ist die Verrechnung (direkt oder indirekt) aller in einer Periode angefallenen Kosten auf die in dieser Periode produzierten oder verkauften Erzeugnisse.[70] Ziel der Kostenträgerstück- und -trägerzeitrechnung ist es, die Selbstkosten der Produkteinheiten zu ermitteln. Hierzu sind Prämissen bezüglich einer möglichst verursachungsgerechten Zurechnung der Gemeinkosten auf die Kostenträger festzulegen. Eine objektive Zurechnung ist aber so kaum möglich. Die Selbstkosten hängen immer von den gewählten Schlüsseln ab.

Die Vollkostenrechnung kann dank der von ihr gelieferten Informationen zur Festlegung langfristiger Preisgrenzen verwendet werden und ermöglicht eine Bewertung der Bestände in der kurzfristigen Erfolgsrechnung für IFRS Abschlüsse, die zu Vollkosten zu erfolgen hat.

---

[70] vgl. Witthoff (2001), S. 131

Aus diesem Vorgehen resultieren jedoch auch gravierende Schwachpunkte, die vor allem bei der Ableitung von Managemententscheidungen aus den Ergebnissen dieser Art Kostenrechnung zu erheblichen Problemen führen können.[71]

Die wichtigsten Schwachpunkte sind die Proportionalisierung von Fixkosten, die (willkürliche) Schlüsselung von Gemeinkosten und, vor allem, die nicht stattfindende Aufteilung der Kosten in beschäftigungsabhängige und beschäftigungsunabhängige Kostenteile.

In Vollkostenrechnungssystemen entsteht der Eindruck, dass fixe Kosten (Strukturkosten) erst durch die Produktion von Gütern entstehen. Strukturkosten fallen aber selbstverständlich in voller Höhe auch bei einer Null-Produktion an. Sie sind abhängig von Managemententscheidungen und nicht von der Ausbringungsmenge.

Um alle Gemeinkosten auf Kostenträger verrechnen zu können, muss man zu Verrechnungsschlüsseln greifen. Diese Schlüssel beruhen in der Regel auf Verursachungsannahmen und sind nicht selten, selbst im eigenen Unternehmen, umstritten. Den bei modernen Unternehmen tendenziell steigenden Block an Gemeinkosten so auf Kostenstellen und letztlich auf Kostenträger zu verrechnen, ist nicht unproblematisch.[72]

Um die beschriebenen Mängel der Vollkostenrechnung für bestimmte Rechenzwecke zu umgehen, verzichtet man bei der Teilkostenrechnung auf die ständige Verrechnung aller Kosten. Es wird versucht, dem Verursachungsprinzip gerecht zu werden, indem nur die Teile der Kosten auf die Kostenträger verrechnet werden, bei denen ein relativ eindeutiger Verursachungszusammenhang festzustellen ist.[73]

---

[71] vgl. Deimel / Isemann / Müller (2006), S. 262

[72] vgl. Horvath / Mayer (1989), S. 215 oder Jorasz (2009), S. 283 ff.

[73] vgl. Kilger / Pampel / Vikas (2007), S. 64 ff.

5.3 Systeme der Teilkostenrechnung

Die Teilkostenrechnung wird in der Literatur im Wesentlichen in folgende Systeme gegliedert.

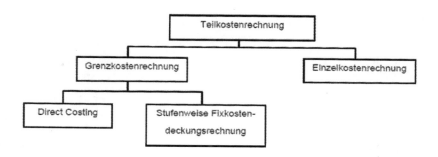

Abbildung 22: Übersicht Teilkostenrechnungen[74]

Zweck und Ziel der Arbeit ist, wie in Kapitel 1.1 erläutert, der Ausbau des bei der Lenser Filtration GmbH bestehenden Kostenrechnungssystems zu einem führungsorientierten Management Accounting System. Die folgenden Kapitel beschränken sich auf die Grenzkostenrechnung und hier im Besonderen auf die Stufenweise Fixkostendeckungsrechnung.

Nachstehende Abbildung soll die Einordnung des in den nächsten Kapiteln beschriebenen Systems verdeutlichen.

---

[74] vgl. Deimel / Isemann / Müller (2006), S. 272

		Grundform		Istkosten			
Vollkostenrechnung / Istkosten-Rechnung		mit Festpreisen für von außen bezogene Produktionsfaktoren	mit geplanten Einzelkosten	Istkosten, bewertet zu Festpreisen			
	Normalkostenrechnung			Solleinzelkosten + Istkosten der Kostenstellen, bewertet zu Festpreisen			
				Solleinzelkosten + Normalkosten der Kostenstellen	Unter-/ Überdeckung der Kostenstellen		
	Plankostenrechnung	Starr		Solleinzelkosten + Plankosten der Kostenstellen	Plankostenabweichungen der Kostenstellen	Einzelkosten-Verbrauchsabweichung	Preis- und Tarifabweichungen
		Flexibel	als Vollkostenrechnung	Solleinzelkosten + verrechnete Plankosten der Kostenstellen	Beschäftigungsabweichungen		
Grenzkostenrechnung			als Grenzkostenrechnung	Solleinzelkosten + proportionale Sollkosten der Kostenstellen	Fixe Plankosten		

Abbildung 23: Entwicklungsformen der Kostenrechung[75]

Der rot umrandete Bereich, also eine flexible Plankostenrechnung – ergänzt um eine mehrstufige und mehrdimensionale Deckungsbeitragsrechnung -, bei der eine Spaltung der Kosten in Produkt- und Strukturkosten stattfindet und die beide Kostenteile ausweist, wird Thema des nächsten Kapitels sein.

---

[75] Kilger / Pampel / Vikas (2007), S. 95

Die folgende Abbildung soll das gesteckte Ziel - Umbau der Kostenrechnung bei der Lenser Filtration GmbH – in Erinnerung rufen und veranschaulichen.

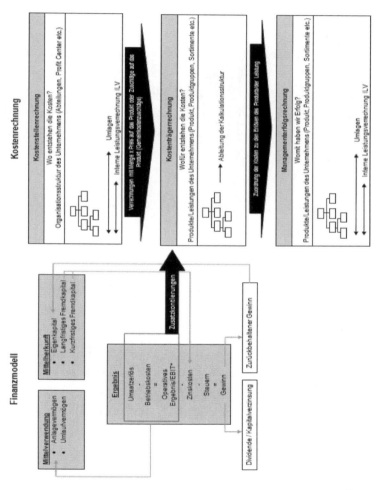

Abbildung 24: Einordnung und Aufbau des betrieblichen Rechnungswesens[76]

---

[76] vgl. Lutz (2010), St. Galler Business School, Controller Programm Teil 2, Modul Controlling, S. 63

Die Zusatzkontierungen im Finanzmodell steuern die Verbuchungen der Belege auf Kostenstellen oder Kostenträger bereits in der Buchhaltung (Zuordnung der Kostenstellen- und Kostenträgereinzelkosten).

In der Kostenstellenrechnung findet die Verteilung der sekundären Kosten statt, wobei Umlagen, soweit möglich, vermieden werden sollen. Für die Kosten, die nicht direkt auf Kostenträger verrechnet werden können (Gemeinkosten oder Kostenstelleneinzelkosten), ist zu entscheiden, ob sie, wie in der Vollkostenrechnung über Zuschlagssätze, den Produkten zugebucht werden sollen (➔ Verrechnungspreise, Lagerbewertung) oder ob sie als Strukturkostenblock in die Deckungsbeitragsrechnung übernommen werden. Dieser Punkt wird in den folgenden Kapiteln aufgegriffen.

Die Erlöse und Erlösschmälerungen werden den Kostenträgern in der Managementerfolgsrechnung zugeordnet.

5.4 Flexible Plankostenrechnung und Deckungsbeitragsrechnung

Die starre Plankostenrechnung, die aktuell bei der Lenser Filtration GmbH eingesetzt wird, weist - abgesehen davon, dass sie ein einfach durchzuführendes System darstellt - einige Nachteile auf. Die wichtigsten seien hier nur stichpunktartig aufgeführt. Der größte Nachteil ist sicher, dass keine Trennung der Kosten in Produkt- und Strukturkosten stattfindet. Dies hat zu Folge, dass eine Umrechnung der Plankosten der Planbeschäftigung in die Plankosten der Istbeschäftigung (Sollkosten) nicht möglich ist. Es werden also zum Zweck der Kostenkontrolle immer Plankosten mit Istkosten verglichen. Die sich daraus ergebende Gesamtabweichung, die sowohl beschäftigungsbedingte als auch preis- oder verbrauchsbedingte Abweichungen enthält, ist wenig aussagefähig und nur sehr aufwendig zu analysieren. Vor allem bei hoher Unterbeschäftigung ist eine sinnvolle Interpretation der Abweichungen kaum möglich. Der zweite schwerwiegende Nachteil, der sich hieraus ergibt, ist die reine Ermittlung von Kalkulationssätzen auf Basis von Vollkosten. Zu verrechnende Istleistungen von

Kostenstellen werden so immer mit vollen Plankosten verrechnet. Es werden also die in den Kostensätzen enthaltenen Strukturkostenanteile proportionalisiert. Dies führt bei der Abweichung der Istbeschäftigung von der Planbeschäftigung unweigerlich zu Über- beziehungsweise Unterdeckungen von Kostenstellen, die nicht erklärbar sind.[77] Um diese Mängel zu beseitigen, soll die starre Plankostenrechnung zur flexiblen Plankostenrechnung erweitert werden. Wichtigste Anforderung an die flexible Plankostenrechnung, die sich aus den dargestellten Schwächen des bestehenden Modells ergibt, ist die Spaltung der Kosten in Produkt- und Strukturkosten. Hierdurch lassen sich die Plankosten zu Sollkosten umrechnen, Beschäftigungs- und Verbrauchsabweichungen voneinander trennen und sowohl Produkt- als auch Struktur- und Vollkostensätze (→Bestandsbewertung IFRS, Verrechnungspreise) ermitteln. Damit sind auch die ersten Voraussetzungen für eine Deckungsbeitragsrechnung geschaffen. Die Produktkosten können je Kostenträger in die Deckungsbeitragsrechnung übernommen werden, die Strukturkosten werden in mehreren Stufen separat verrechnet. Die Deckungsbeitragsrechnung hat sich seit ihrer Einführung immer mehr zu dem Instrument eines entscheidungs- und führungsorientierten Management Accountings entwickelt. Zusammen mit der flexiblen Plankostenrechnung dient sie heute in vielen Unternehmen zur Planung und Steuerung des Unternehmens zum Gewinn.[78]

Um das leisten zu können, muss sie zur stufenweisen und mehrdimensionalen Ergebnisrechnung ausgebaut werden. Schließlich soll sie es ermöglichen, Managemententscheidungen in ihren Auswirkungen auf das Ergebnis hin zu analysieren (Decision Accounting hinsichtlich Preisen, Mengen, Kunden, Regionen etc.) und Deckungsbeitragsziele zur stufengerechten Beurteilung von

---

[77] vgl. Männel (1992), S. 44

[78] vgl. Deyhle / Radinger (2008), Band 12, S. 192 ff.

Managern und den ihnen zugeordneten Unternehmenseinheiten in Zahlen festzuhalten (Responsibility Accounting).[79]

Da oft von Deckungsbeiträgen gesprochen wird, in der Realität aber Bruttomargen oder dergleichen gemeint sind, sei kurz erläutert, was unter einem Deckungsbeitrag zu verstehen ist, und nach welchem Schema er bei einer echten Deckungsbeitragsrechnung berechnet wird.

```
     Bruttoumsatz
./.  Rabatte
=    Nettoumsatz
./.  Erlösschmälerungen
=    Nettoerlös
./.  Produktkosten (des Umsatzes)
=    Deckungsbeitrag I (hier Produktdeckungsbeitrag)
```

Abbildung 25: Berechnung des Deckungsbeitrags[80]

Im Idealfall ist auf die Umlage von Strukturkosten durchgehend zu verzichten, wobei hier gleich anzumerken ist, dass dies in der Realität selten durchgehend umgesetzt werden kann. Über den Deckungsbeitrag lässt sich, in der obigen Ausgestaltung als Produktdeckungsbeitrag, gut erkennen, wieviel das Produkt oder auch ein Auftrag zur Deckung der Strukturkosten und somit zum Ergebnis des Unternehmens beiträgt. Veränderungen des Deckungsbeitragsvolumens treten folglich auf, wenn mehr oder weniger umgesetzt wird oder sich die Nettoerlöse (Preise) beziehungsweise Produktkosten ändern. Die Produktkosten können den Produkten meist eindeutig zugeordnet werden, da sie in ihrer Struktur durch Stücklisten und Arbeitspläne definiert sind. Strukturkosten entstehen durch Managemententscheidungen, sind also nicht durch das Produkt verursacht. Demzufolge könnten sie den Produkten nur mittels Umlageschlüsseln

---

[79] vgl. IGC International Group of Controlling (2005), S. 82

[80] eigene Darstellung

zugerechnet werden. Da Umlagen aber nicht durch den Kostenstellenleiter, der empfangenden Kostenstelle, beeinflusst werden können und zudem nicht infolge von Änderungen der Ausbringungsmenge variieren, widersprechen sie den Forderungen eines modernen Management Accountings (Entscheidungsrelevanz / Verantwortbarkeit).[81]

Die einfache Deckungsbeitragsrechnung gibt sich mit der Ermittlung des Deckungsbeitrags I zufrieden und zieht sämtliche Strukturkosten in einer Summe vom Deckungsbeitragsvolumen I ab. Um die Deckungsbeitragsrechnung entscheidungs- und verantwortungsrelevanter auszugestalten, wird der Strukturkostenblock in der mehrstufigen Deckungsbeitragsrechnung weiter untergliedert. Schließlich kann beispielsweise ein Profitcenterleiter andere Kosten beeinflussen als ein Kostenstellenleiter in der Produktion. Sie können also nicht an derselben Deckungsbeitragsstufe gemessen werden.

Es wird also versucht, im Anschluss an die Berechnung des Deckungsbeitrags I, den Strukturkostenblock den Produkten, Produktgruppen oder dem Unternehmen verursachungsgerecht zuzuordnen. Man erhält so unterschiedliche Deckungsbeitragsstufen, anhand derer zum einen der Beitrag der Produkte, Produktgruppen etc. am Gesamterfolg, zum anderen Abteilungsleiter, je nach ihrer Hierarchiestufe, beurteilt werden können.

---

[81] vgl. Rieder / Berger-Vogel (2008), S. 27

ECHTE STUFENWEISE DECKUNGSBEITRAGSRECHNUNG IN DER DIMENSION: SORTIMENT, PRODUKTGRUPPEN							
	Eigenproduktion				Handelsware		
Produkt	Artikel 1	Artikel 2	Artikel 3	Artikel 4	Artikel 5	Artikel 6	Total
Verkaufspreis netto (pro GVE)							
Absatzmenge							
Nettoerlöse							
Einzelmaterialkosten							
Proportionale Fertigungskosten							
Proportionale Herstellkosten							
DB I							
Produktstrukturkosten							
Produkt-DB							
Produktgruppenstrukturkosten	Produktgruppe A		Produktgruppe B		Produktgruppe Handelsware		
Strukturkosten der Verkaufsförderung	Produktgruppe A		Produktgruppe B		Produktgruppe Handelsware		
Produktgruppen-DB							
Produktmanagement	Produktmanagement Sortiment Eigenprodukte				Produktmanagement Handelssortiment		
Kostenstelle Produktion							
Sortiments-DB							
Außendienst							
Verkaufsleitung und Innendienst	Verkaufsleitung und Innendienst						
Geschäftsführung und Verwaltung	Geschäftsführung, Personal, Controllerdienst, Finanz-, Rechtsabteilung						
EBIT							
Produktkosten	Strukturkosten Herstellung				Strukturkosten Verwaltung/Vertrieb		

Abbildung 26: Echte stufenweise Deckungsbeitragsrechnung in der Produktdimension (Produktgruppen, Sortiment)[82]

Die Vorteile des Prinzips einer mehrstufigen Deckungsbeitragsrechnung sind aus der obigen Abbildung gut zu ersehen. Die Erlöse lassen sich den Produkten sauber zuordnen, ebenso die Produktkosten. Der Deckungsbeitrag wird nicht durch Auslastungsprobleme oder Umlagen beeinflusst. Man erhält mit dem Deckungsbeitrag so eine zur Ergebnissteuerung sehr gut geeignete Messgröße.

Der Vollkostensatz, als Basis einer Vollkostendeckungsrechnung, eignet sich im Gegensatz hierzu nicht zur Vorbereitung von, insbesondere kurzfristigen, Produktentscheidungen oder zur Preisfindung. Denn letztlich entscheidet der Markt über den Preis und nicht die Kalkulation. Wichtig ist, dass die Summe

---

[82] vgl. Rieder / Berger-Vogel (2008), S. 28

aller Deckungsbeiträge die Strukturkosten abdeckt und für eine risikogerechte Verzinsung sorgt.

5.4.1 Kostenartenrechnung in der flexiblen Plankostenrechnung

Die Vorgehensweise der Kostenrechnung unterscheidet sich grundsätzlich nicht wesentlich von der bei der Vollkostenrechnung.

Für die flexible Plankostenrechnung kann der Kostenartenplan der Vollkostenrechnung verwendet werden, wobei nun aber die Klassifizierung der Kostenarten in Produkt-, Struktur- oder Mischkosten vorzunehmen ist.

Wie in Kapitel 2.3 dargelegt, ist bereits in der Kostenartenrechnung zu definieren, welche Kostenarten in Produkt- oder Strukturkosten aufzuteilen sind. Die Aufteilung und Planung dieser Kostenarten ist anschließend in der Kostenstellenrechnung vorzunehmen.

Im Folgenden werden die Begriffe Produktkosten und Strukturkosten verwendet, wobei unter Produktkosten die Kostenbestandteile verstanden werden, die anfallen, damit ein Produkt physisch entstehen kann. Es ist also zu analysieren, welche Kosten direkt in das Produkt / die Marktleistung eingehen.

Beispiele hierfür sind Lohnkosten für die Arbeit direkt am Produkt, Instandhaltungskosten abweichend von der laufenden Instandhaltung, Fremdleistungen oder Energiekosten.

Strukturkosten fallen an für Prozesse, die sich um das Produkt bemühen, beispielsweise Vertriebskosten, Transportkosten oder Gehälter der Meister in der Produktion, die verwaltende / überwachende Tätigkeiten durchführen.

Diese Begriffe werden gewählt, da die in der Literatur oft verwendeten Begriffspaare - variabel/fix, proportional/fix - häufig zu Missverständnissen führen.[83]

---

[83] vgl. Deyhle (2008), Band 12, S. 223 ff.

Im Weiteren gilt für die Kostenartenrechnung in der flexiblen Plankostenrechnung das bereits in Kapitel 2 gesagte und soll deshalb hier nur stichpunktartig aufgeführt werden:

- Anlehnung der Kostenarten an Kontenplan der Finanzbuchhaltung (in SAP ohnehin vorgesehen), Gruppierung zu Kostenartengruppen
- Kontierungsanweisungen zur Vermeidung von Fehlbuchungen, die spätere Kostenvergleiche erschweren

5.4.2 Kostenstellenrechnung in der flexiblen Plankostenrechnung

Die Trennung der Kosten in die eben erläuterten Bestandteile Produkt- sowie Strukturkosten stellt den wichtigsten Schritt zu einer flexiblen Plankostenrechnung dar.

Bereich 3000, Pressengruppe Membranplatten >1500			
	Strukturkosten		
Kostenarten	Januar	Februar	-->
Fremdlohn Produktion	-	-	-
Fremdlohn Verw./Vetr	-	-	-
Fremdleistung gesamt	-	-	-
Gemeinko'Lohn	-	-	-
AG SV GK'Lohn	-	-	-
Weiterbildung Arb.	-	-	-
Gehalt	-	-	-
AG SV Gehalt	-	-	-
Weiterbildung Ang.	-	-	-
Berufsgen.	-	-	-
Altersversorgung	-	-	-
sonst. PersKo.	-	-	-
Abfindung	-	-	-
Personalaufw. gesamt	-	-	-
Reise & Bewirtung	-	-	-
Recht & Beratung	-	-	-
Divisional Allocatio	-	-	-
Office expense	-	-	-
Instandh.+Kleint.	-	-	-
Werkzeuge	-	-	-
Versicherung	-	-	-
Werbg., Messe, Abgab	-	-	-
fixe Vers'kosten	-	-	-
Miete, Leasing	-	-	-
KFZ-Kosten	-	-	-
sonst. BetrKosten	-	-	-
sonst. Steuern	-	-	-
sonst. betr. Aufwand	-	-	-
IBL	-	-	-
Sum. Sachkosten	-	-	-
Abschreibung	-	-	-
Kostensumme	-	-	-

Abbildung 27: Planung einer Produktionskostenstelle bei der Lenser Filtration GmbH bisher[84]

---

[84] eigene Darstellung

Bisher findet keine Aufspaltung der Kosten in die Bestandteile Produkt- und Strukturkosten statt. Es wird auch nicht unterschieden zwischen beeinflussbaren und nicht beeinflussbaren Kostenarten. Die Anforderungen an das Management Accounting, entscheidungs- und verantwortungsorientiert zu sein, lassen sich so nicht umsetzen.

Es ist vielmehr eine Umstellung der Kostenstellenplanung auf folgendes Schema notwendig:

	Bezugsgrößenart		Maschinenstunden
	Planleistung Pressen		31.770
	Planleistung Rüsten		2.246
	Planleistung Summe		34.016
	Soll-Istleistung Monat		
	Effektive Istleistung Monat		
	Verfügbare Leistung		55.440
	Beschäftigungsgrad		-
	Auslastungsgrad		-
Bezeichnung kurz	**Gesamt**	**Produktkosten**	**Strukturkosten**
Betriebsstoffe	-	-	-
Fremdlohn Produktion	-	-	-
Fremdlohn Verw./Vetr	-	-	-
Fremdleistung gesamt	-	-	-
Gemeinko'Lohn	-	-	-
AG SV GK'Lohn	-	-	-
Weiterbildung Arb.	-	-	-
Gehalt	-	-	-
AG SV Gehalt	-	-	-
Weiterbildung Ang.	-	-	-
sonst. PersKo.	-	-	-
Personalaufw. gesamt	-	-	-
Reise & Bewirtung	-	-	-
Recht & Beratung	-	-	-
Office expense	-	-	-
Instandh.+Kleint.	-	-	-
Werkzeuge	-	-	-
fixe Vers'kosten	-	-	-
Miete, Leasing	-	-	-
KFZ-Kosten	-	-	-
sonst. BetrKosten	-	-	-
Sum. Sachkosten	-	-	-
beeinflussbare Kostensumme	-	-	-
Abschreibungen	-	-	-
kalk. Stromkosten	-	-	-
kalk. Ölkosten	-	-	-
kalk. Raumkosten	-	-	-
IBL Schlosserei / Instandhaltung	-	-	-
Umlage Kantine	-	-	-
Umlage Betriebsrat	-	-	-
Umlage Empfang	-	-	-
Umlage EDV	-	-	-
Umlage Gebäudeversicherungen	-	-	-
Umlage innerbetr. Transport	-	-	-
Umlage Maintenance	-	-	-
Umlage Qualitätssicherung	-	-	-
Umlage Prod.-planung	-	-	-
Umlage Prozesstechnik	-	-	-
nicht beeinflussbare Kostensumme	-	-	-
Kostensumme gesamt	-	-	-
Plankostensatz	-	-	-

Abbildung 28: Planung einer Produktionskostenstelle bei der Lenser Filtration GmbH zukünftig[85]

---

[85] eigene Darstellung

Da nach IFRS Lagerbestände zu Vollkosten zu bewerten sind, werden in der ersten Spalte die Vollkosten – als Summe der Produkt- und Strukturkosten - ausgewiesen. Es kann so ein Vollkostensatz zur Ermittlung des Lagerwerts und von Verrechnungspreisen bestimmt werden. Zur Ermittlung der Produktkosten für die spätere Deckungsbeitragsrechnung steht der Produktkostensatz zur Verfügung. Die Strukturkosten werden unterhalb des Deckungsbeitrags I in den verschiedenen weiteren Deckungsbeitragsstufen übernommen.

Als Bezugsgröße werden die geplante Maschinenzeit sowie die Rüstzeiten ausgewiesen. Dadurch können monatlich Auslastungsgrade, Beschäftigungsgrade etc. ermittelt werden.

Schließlich findet eine Unterteilung der Kosten in beeinflussbare und nicht beeinflussbare Kostenarten statt. Dadurch können den Kostenstellenleitern verbindliche Vorgaben hinsichtlich Leistungs- und Kostenzielen gegeben werden, die diese zu verantworten haben (→ Responsibility Accounting).

Desweiteren ist eine detailliertere Abweichungsanalyse, bei der Beschäftigungs-, Verbrauchs- und Preisabweichungen unterschieden werden können, möglich. Folgende Abbildung soll eine mögliche Vorgehensweise zur Analyse von Abweichungen auf der Kostenstelle veranschaulichen:

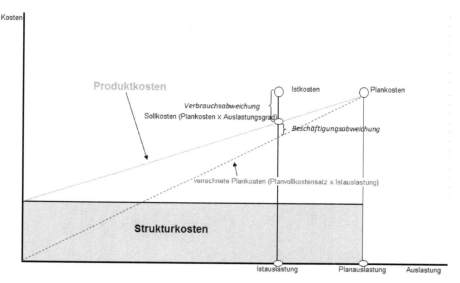

Abbildung 29: Abweichungsanalyse auf Kostenstellen[86]

Die Kostenstellen ohne Bezugsgrößen (→Budgetkostenstellen) werden beplant wie bisher. Als Orientierung dienen Vorjahreswerte, ergänzt um, zur Budgetierung bereits bekannte, Kostenpositionen (zum Beispiel Messen, Gehaltserhöhungen, Einstellungen).

Für die Zukunft wird zu überlegen sein, ob man die Planung der Budgetkostenstellen mit Hilfe von Ansätzen wie dem „Zero-Base-Budgeting" oder einer Prozesskostenrechnung verfeinern möchte.

5.4.3 Kostenträgerrechnung in der flexiblen Plankostenrechnung

Auch in der flexiblen Plankostenrechnung gibt es die zwei Bereiche der Kostenträgerrechnung, die Kostenträgerstück- und -trägerzeitrechnung.

Die Kostenträgerzeitrechnung soll zukünftig als Managementerfolgsrechnung durchgeführt werden.

---

[86] eigene Darstellung

Zur Veranschaulichung und Einordnung der Kostenträgerrechnung in das Gesamtkonzept dient Abbildung 30 nach Albrecht Deyhle:

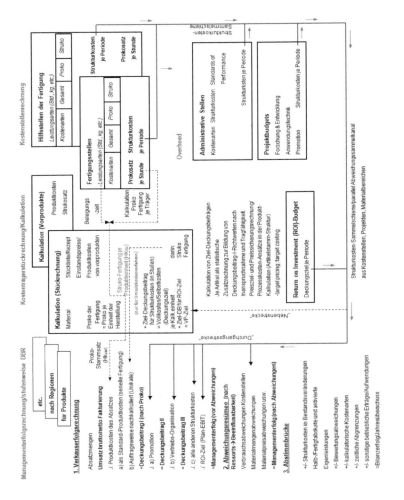

Abbildung 30: Das Rechnungswesenpanorama[87]

---

[87] vgl. Deyhle / Radinger (2008), Band 14, S. 706 ff.

Die Kostenträgerzeitrechnung (linker Bereich in der Abbildung) soll als periodische Managementerfolgsrechnung ausgestaltet werden. Ihre Bestandteile bilden die stufenweise (später auch mehrdimensionale) Deckungsbeitragsrechnung, das Abweichungsresümee und die Abstimmbrücke zum Abschluss der Finanzbuchhaltung.

Sie gliedert sich nach den unterschiedlichen Produktgruppen und wird aus der Verkaufserfolgsrechnung zusammengestellt, in der jeder einzelne Auftrag abgerechnet oder jeder Artikel gelistet wird.

In einem ersten Schritt erfolgt der Ausweis der abgesetzten Mengen und der Preise je Produkt oder Auftrag. Man erhält so den Bruttoumsatz je Periode.

Nach Abzug der Erlösschmälerungen wie Boni, Rabatte oder Provisionen gelangt man zum Nettoerlös.

Ergänzt man die Verkaufserfolgsrechnung jetzt um die Kosten, gelangt man zu einer Ergebnisrechnung. Um die Forderungen an das Management Accounting, entscheidungs- und verantwortungsorientiert zu sein, erfüllen zu können, sind die Kosten nach Produkt- und Strukturkosten zu gliedern.

Vom Nettoerlös sind daher zunächst die Produktkosten, also die durch den Absatz generierten Kosten, abzuziehen.

Man erhält die Deckungsbeiträge der Stufe I je Auftrag oder Produkt und somit in Summe das Deckungsbeitragsvolumen, das zur Deckung aller Strukturkosten zur Verfügung steht. Lieferant der Produktkosten ist die Kalkulation, also die Kostenträgerstückrechnung.

Die Strukturkosten werden gesammelt in die Managementerfolgsrechnung übernommen und stufenweise vom Deckungsbeitragsvolumen I abgezogen.

Wird in der Managementerfolgsrechnung mit Standardpreisen und -kosten gerechnet kommt es im IST unweigerlich zu Abweichungen. In der Nachkalkulation sind die ausgewiesenen Stunden und Materialverbräuche zwar IST-Werte, bewertet werden sie jedoch mit Verrechnungspreisen. Schließlich kann ein Vertriebsleiter beispielsweise keinen Einfluss auf Preisabweichungen nehmen, diese sollten deshalb auch keinen Einfluss auf den Deckungsbeitrag II oder III haben, an dem er gemessen würde. Die Abweichungen werden gesondert im Abweichungsresümee ausgewiesen. Es kann sich hier um Verbrauchsabweichungen auf den Kostenstellen, Materialpreis- oder -mengenabweichungen handeln. Sie werden je Kostenstelle ausgewiesen, da sie schließlich auch hier zu beeinflussen und zu verantworten sind.

Der Inhalt und Umfang richtet sich im Wesentlichen nach der Ausgestaltung des Rechnungswesens. Wird die Buchhaltung als Einkreissystem geführt, würde die Abstimmbrücke tendenziell an Umfang verlieren. Man würde dann großenteils mit aufwandsgleichen Kosten rechnen. Abstimmungen können notwendig sein im Bereich der Abschreibungen oder bei den Bestandsveränderungen. Da in der Managementerfolgsrechnung Produkte nur mit den Produktkosten bewertet werden, erfolgt die Lagerbewertung ebenfalls nur zu Produktkosten. Hier ist eine Überleitung zum Finanzergebnis unumgänglich.

Den mittleren Bereich des Rechnungswesenspanoramas bildet die Kalkulation in Form einer Ziel-Deckungsbeitragsrechnung. Hier zeigt sich, dass Teil- und Vollkostenrechnung keine Gegensätze darstellen müssen. Auf der rechten Seite findet sich die bereits erläuterte Kostenstellenrechnung. Von hier kommen aufgrund der Kostenspaltung die Produktkosten für die Kalkulation. Die Strukturkosten der Kostenstellen gehen als periodisch formulierte Kosten in die Managementerfolgsrechnung.

Wie man erkennen kann, wird in den Budgetkostenstellen (zum Beispiel Administration) nicht zwischen Produkt- und Strukturkosten unterschieden. Es gibt nur Strukturkosten. [88]

Eine Managementerfolgsrechnung für die Lenser Filtration GmbH könnte wie in Abbildung 31 dargestellt aussehen.

---

[88] vgl. Deyhle / Radinger (2008), Band 14, S. 706 ff.

Kostenstellenrechnung

Allgemeine Kostenstellen	Hilfskostenstellen	Verwaltungskostenstellen	Produktionskostenstellen
Gebäude	Schlosserei ILV Stunden	Administration	Pressengruppen
Energie Schlüssel: Ø-Anschlussleistung	innerb. Transport Presserei/Fertigung	Vertrieb	Vorfertigung
		F & E	CNC-Bearbeitung
Öl Schlüssel: zu erhitzende m² Pressfläche	Produktions- Planung	Geschäftsführung	Membranschweißen
		Projekte	Endfertigung
	Werkzeuglager		Extruder
Versicherung	Prozess- Technik		
	Qualitätsicherung		

Bezeichnung kurz	Gesamt	Produktkoste	Strukturkosten
Fremdleistung	50.000,00	50.000,00	-
Lohnkosten	100.000,00	66.000,00	34.000,00
Gehaltskosten	25.000,00	-	25.000,00
Personalkosten	**125.000,00**	**66.000,00**	**59.000,00**
Reise & Bewirtung	2.000,00	-	2.000,00
Recht & Beratung	3.000,00	-	3.000,00
Office expense	1.000,00	-	1.000,00
Werkzeuge	250,00	-	250,00
Miete, Leasing	1.000,00	-	1.000,00
KFZ-Kosten	750,00	-	750,00
sonst. BetrKosten	200,00	-	200,00
IBL Schlosserei / Instandhaltung	5.000,00	4.400,00	600,00
beeinflussbare Kostensumme	**188.200,00**	**120.400,00**	**67.800,00**
Abschreibungen	30.000,00	-	30.000,00
kalk. Stromkosten	10.000,00	8.800,00	1.200,00
kalk. Ölkosten	10.000,00	8.800,00	1.200,00
kalk. Raumkosten	4.000,00	-	4.000,00
nicht beeinflussbare Kostensum	**54.000,00**	**17.600,00**	**36.400,00**
Kostensumme gesamt	**242.200,00**	**138.000,00**	**104.200,00**
Plankostensatz	**34,48**	**19,65**	**14,83**

Managementerfolgsrechnung					
Produkte	2000 x 2000	1500 x 2000	1500 x 1500		
	X-Large	Large		Medium	Small
Absatzmenge					
x Verkaufspreis brutto					
./. Erlösschmälerungen					
= **Nettoerlöse**					
./. Produktkosten					
= **Deckungsbeitrag I**					
./. Strukturkosten Fertigungskostenstellen					
./. Strukturkosten Logistik					
./. Strukturkosten Qualitätssicherung					
./. Strukturkosten Prozesstechnik					
./. Strukturkosten Werkzeuglager					
./. Strukturkosten Produktionsplanung					
./. Strukturkosten innerbetrieblicher Transport					
./. Strukturkosten Schlosserei					
./. Strukturkosten Vertrieb					
./. Strukturkosten Forschung & Entwicklung					
./. Strukturkosten Geschäftsführung					
./. Strukturkosten Administration					
./. Strukturkosten Projekte					
= **Wertbeitrag**					

Kostenträgerrechnung / Kalkulation					
Kostenart	2000 x 2000	1500 x 2000	1500 x 1500		
	X-Large	Large		Medium	Small
Einzelmaterialkosten					
Produktkosten der Fertigung					
Produktkosten gesamt					

Strukturkosten aus der Kostenstellenrechnung

Prokosatz aus der Kostenstellenrechnung x Bezugsgröße (beispielsweise Maschinenstunden)

Abbildung 31: Managementerfolgsrechnung bei der Lenser Filtration GmbH Variante[89]

In der Managementerfolgsrechnung ist zu entscheiden, nach welchen Kriterien die Absätze gegliedert werden sollen. Danach richtet sich dann die stufenweise Verrechnung der Strukturkosten. In Abbildung 31 sind die Absätze nach Plattenformaten sortiert. Da es hierbei nicht möglich ist, den einzelnen Formaten

---

[89] eigene Darstellung

Strukturkosten zuzuordnen, werden diese in einer Summe abgezogen. Eine andere Darstellung der Managementerfolgsrechnung könnte so aussehen.

Managementerfolgsrechnung	Produkte	Rohlinge f. Kammerplatten	Trägerplatten	Kammerplatten	Membranplatten	geschweißte Rohlinge	Membranhälften
Absatzmenge							
x Verkaufspreis brutto							
./. Erlösschmälerungen							
= **Nettoerlöse**							
./. Produktkosten							
= **Deckungsbeitrag I**							
./. Strukturkosten Fertigung			Strukturkosten Extruder			Strukturkosten Membranschweißen	
= **Deckungsbeitrag Produktgruppe**							
./. Strukturkosten restliche Fertigung							
./. Strukturkosten Logistik							
./. Strukturkosten Qualitätssicherung							
./. Strukturkosten Prozesstechnik							
./. Strukturkosten Werkzeuglager							
./. Strukturkosten Produktionsplanung							
./. Strukturkosten innerbetrieblicher Transport							
./. Strukturkosten Schlosserei							
./. Strukturkosten Vertrieb							
./. Strukturkosten Forschung & Entwicklung							
./. Strukturkosten Geschäftsführung							
./. Strukturkosten Administration							
./. Strukturkosten Projekte							
= **Wertbeitrag**							

Abbildung 32: Managementerfolgsrechnung bei der Lenser Filtration GmbH Variante I[90]

Die Absätze sind nach den Produktgruppen Kammerplatten und Membranplatten, also weniger detailliert, zusammengefasst. Dafür lassen sich die Strukturkosten genauer zuordnen. Wie aus den Beispielen zu erkennen ist, kann auf Umlagen nicht komplett verzichtet werden. Die Kosten für Strom und Öl sind beispielsweise nach wie vor über Umlageschlüssel aufzuteilen. Eine Lösung für

---

[90] eigene Darstellung

die Zukunft könnte beispielsweise sein, jede Maschine mit einem Stromzähler auszustatten.

Ein nächster Schritt wird sein, die Managementerfolgsrechnung mehrdimensional auszugestalten. Die beiden obigen Abbildungen zeigen das Betriebsergebnis aus der Sicht der Produktion und des Produktionsmanagements. Den Vertrieb hingegen wird vorrangig das Betriebsergebnis, gegliedert nach Regionen, Märkten oder Kunden, interessieren. Die Managementerfolgsrechnung sollte demzufolge auch mehrdimensional auswertbar sein. Das Deckungsbeitragsvolumen I ändert sich dabei nicht. Die verschiedenen Deckungsbeitragsstufen sind aber neu zu bestimmen. So lassen sich beispielsweise bei einer Gliederung nach Märkten die Kosten der zuständigen Außendienstmitarbeiter ohne Schlüsselung den Märkten zuordnen, die Produktstrukturkosten aber sind in einer Summe abzuziehen.

5.4.4 Planung am Beispiel Absatz, Material und Personal

Wie unschwer aus der Bezeichnung flexible Plankostenrechnung abzuleiten ist, wird in diesem Kostenrechnungssystem mit geplanten Kosten für die nächste Periode gerechnet. Es sind somit Kosten für Material, Personal etc. zu planen. Da es sehr wichtig ist, die Kosten fundiert zu planen, soll in diesem Kapitel die Planung bei der Lenser Filtration GmbH aktuell und zukünftig dargestellt werden. Um den Rahmen dieser Arbeit nicht zu sprengen, werden allerdings nur die Planungsbereiche Absatz, Material und Personal erläutert.

Die erste Stufe bildet die Planung des Absatzes. Auf ihr kann dann die Planung der Kapazitäten, Läger usw. aufgebaut werden.

Die Planung des Absatzes sowie der Maschinenzeiten befindet sich gerade im Aufbau. Es soll einmal im Jahr für das Folgejahr ein Budget-Absatzplan erstellt werden. Aus diesem ergibt sich die Kapazitätsplanung.

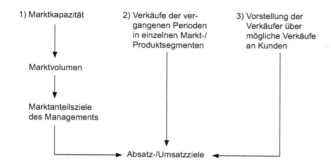

Abbildung 33: Wege zur Planung der Absatz- und Umsatzziele[91]

Bei der Lenser Filtration GmbH werden die Absatz-/Umsatzziele mittels einer Kombination der Wege 2 und 3 ermittelt. Als Basis dienen die Verkaufszahlen der vergangenen Periode. Aus diesen lässt sich gut absehen, welche Formate im folgenden Jahr die Aufträge bestimmen werden und welche Anwendungen, und damit auch Plattentypen, in den Märkten gefragt sind. Diese erste Planung wird ergänzt um die Absatzprognosen-/planungen der Außendienstmitarbeiter, die sowohl aus Erfahrungswerten als auch durch Kundenbedarfsabfragen, vor allem bei den Key Accounts, gewonnen werden.

Den aktuellen Stand der Absatz-/Kapazitätsplanung veranschaulicht das Beispiel der Pressengruppe „Kammerplattenpressen".

---

[91] vgl. Lutz (2010), St. Galler Business School, Controller Programm Teil 2, Modul Controlling, S. 63

Format		Kammerplatten							
		Absatz Fertigprodukte	Ø-Preis	Absatz Rohlinge an "Töchter"	Ø-Preis	Absatze Rohlinge extern	Ø-Preis	Absatz	Umsatz
		in Stück	je Stück	in Stück	je Stück	in Stück	je	in Stück	
X-Large	2030/2450	2.000	x Euro	0	x Euro		x Euro	2.000	x Euro
	Sub-Total	2.000		0		0		2.000	x Euro
Large	2000/2000	600	x Euro	900	x Euro	0	x Euro	1.500	x Euro
	1500/2000	500	x Euro	500	x Euro	0	x Euro	1.000	x Euro
	1500/1500	4.000	x Euro	3.000	x Euro	0	x Euro	7.000	x Euro
	Sub-Total	5.100		4.400		0		9.500	x Euro
Medium	1200/1200	3.500	x Euro	1.500	x Euro	200	x Euro	5.200	x Euro
	1000/1000	1.500	x Euro	400	x Euro	300	x Euro	2.200	x Euro
	800/800	2.300	x Euro	800	x Euro	500	x Euro	3.600	x Euro
	Sub-Total	7.300		2.700		1.000		11.000	x Euro
Small	630/630	500	x Euro	500	x Euro	700	x Euro	1.700	x Euro
	470/470	400	x Euro	150	x Euro	400	x Euro	950	x Euro
	Sub-Total	900		650		1.100		2.650	x Euro
TOTAL		15.300		7.750		2.100		25.150	x Euro

Abbildung 34: Ergebnis der Absatzplanung Produktgruppe Kammerplatten[92]

Die zukünftige Absatzplanung zeigt Abbildung 34. Basis der Planung bilden, wie eben dargelegt, die verkauften Stückzahlen des Vorjahres sowie die Planung der einzelnen Außendienstmitarbeiter für ihren jeweiligen Kundenbereich. Die Absatzplanung mit den Umsätzen, die innerhalb des Konzerns der Andritz AG getätigt werden, wird darüberhinaus mit den Absatzplanungen der anderen Konzerntöchter abgestimmt und auf die strategische Ausrichtung des Mutterkonzerns hin überprüft.

Die in Abbildung 34 dargestellte Absatzplanung zeigt den Produktbereich der Kammerfilterplatten. Geplant wird der Absatz in Stückzahlen je Plattenformat. Die Planung teilt sich, horizontal betrachtet, in die Plattenformate X-Large, Large, Medium und Small und hier wiederum in die Außenabmessungen. In den senkrechten Spalten wird unterschieden, welche Stückzahlen bis zu welchem Fertigungsgrad in Deutschland gefertigt werden und wie hoch der

---

[92] eigene Darstellung

durchschnittliche Verkaufspreis je Stück im jeweiligen Segment liegt. Die Fertigungsstufe wirkt sich auf die benötigte Kapazität aus.

Aus der letzten Spalte ist schließlich der vorläufige Planumsatz aus der Absatzplanung zu ersehen. Ergänzt wird die Planung noch um Erlösschmälerungen (Rabatte, Boni, Provisionen). Die folgende Abbildung 35 zeigt die, auf die Absatzplanung folgende, Ableitung der benötigten Kapazitäten. Der Ausschnitt beschränkt sich auf den Bereich der Presserei und hier auf die Pressengruppe „Kammerplatten".

Format		Absatz Fertigprodukte in Stück	Ausschuss Presserei in%	Ausschuss Presserei in Stück	Ausschuss nachgelagerte Fertigungsbereiche in%	Ausschuss nachgelagerte Fertigungsbereiche in Stück	total	Stück/Tag	Std./Stück	Presskapazitätsbedarf Kammerplatten in Std./Jahr
Pressengruppe Kammerplatten										
X-Large	2030/2450	2.000	3	60	1	20	2.080	3	8	16.640
	Sub-Total	2.000		60		20	2.080			16.640
Large	2000/2000	600	3	18	1	6	624	3	6	4.044
	1500/2000	500	3	15	1	5	520	3	8	4.160
	1500/1500	4.000	3	120	1	40	4.160	3	8	33.280
	Sub-Total	5.100		153		51	5.304			41.484
Medium	1200/1200	3.500	3	105	1	35	3.640	3	8	29.120
	1000/1000	1.500	3	45	0	0	1.545	3	8	12.360
	800/800	2.300	3	69	0	0	2.369	3	8	18.952
	Sub-Total	7.300		219		35	7.554			60.432
Small	630/630	500	3	15	0	0	515	3	8	4.120
	470/470	400	3	12	0	0	412	3	8	3.296
	Sub-Total	900		27		0	927			7.416
	TOTAL	15.300		459		106	15.865			125.972

Abbildung 35: Ableitung der Kapazitäten aus der Absatzplanung[93]

Die Stückzahlen werden aus der Absatzplanung übernommen. Da im Bereich der Presserei mit Ausschuss zu rechnen ist, wird die zu produzierende Menge um einen prozentualen Erfahrungswert erhöht. Aus den verwendeten Arbeitsplänen ist bekannt, welche Presszeit je Stück benötigt wird. Am Beispiel der

---

[93] eigene Darstellung

Kammerplatten im Format X-Large, also Platten im Format 2030 cm x 2450 cm, würde das bedeuten, dass inklusive Ausschuss 2.060 Stück zu produzieren sind, um die für den Absatz erforderlichen 2.000 Stück zu erhalten. Aus den Arbeitsplänen ist bekannt, dass je Stück 4 Stunden Presszeit benötigt werden. Man kann also maximal 6 Stück bei einem 3-Schicht-Modell je Tag produzieren. Dies erfordert eine Presskapazität von 8.240 Stunden pro Jahr für eine Absatzmenge von 2.000 Stück. Für die anderen Formate wird analog verfahren. So erhält man den Kapazitätsbedarf für die Produktgruppe Kammerplatten. Auch die erforderliche Personalkapazität und die Rüstzeiten werden so ermittelt.

Format		Pressengruppe Kammerplatten Stück total	Personalzeit	
			Personalzeit / Stück in Minuten	Personalzeit total in Stunden
X-Large	2030/2450	2.000	70	2.333
	Sub-Total	2.000		2.333
Large	2000/2000	600	50	500
	1500/2000	500	50	417
	1500/1500	4.000	50	3.333
	Sub-Total	5.100		4.250
Medium	1200/1200	3.500	25	1.458
	1000/1000	1.500	25	625
	800/800	2.300	25	958
	Sub-Total	7.300		3.042
Small	630/630	500	5	42
	470/470	400	5	33
	Sub-Total	900		75
	TOTAL	15.300		9.700

Abbildung 36: Ableitung der Personalkapazitäten aus der Absatzplanung[94]

Der Personalbedarf je Pressengruppe ergibt sich aus der geplanten Personalzeit dividiert durch die geplanten Arbeitstage und die effektiv verfügbaren Stunden je Tag. Beispielsweise: 1.778 Stunden Personalbedarf bei den Formaten 2030/2450 dividiert durch 200 Arbeitstage in der Presserei dividiert durch 7,5 Stunden

---

[94] eigene Darstellung

effektiv gearbeitete Zeit je Tag ergibt den Bedarf von 1 Mitarbeiter für die Pressengruppe Kammerplatten im Format X-Large.

Die sich im Aufbau befindende Kapazitätsplanung wird eine deutliche Verbesserung der bisherigen Planungsergebnisse bringen und die nachträgliche Analyse des Absatzplanes und der daraus abgeleiteten Kapazitätsplanung verbessern.

Nach der Absatzplanung des Vertriebs sollte die Abstimmung optimalerweise mit den noch auf Lager liegenden Halbfertig- und Fertigprodukten erfolgen.

Schwierig gestaltet sich dagegen die Planung der Läger. Aufgrund der breiten Produktpalette, die durch Kundenzeichnungen bestimmt wird (Auftragsfertigung), ist es riskant, größere Mengen auf Lager zu produzieren. Ein Standardprodukt, das zu verschiedenen Varianten erweitert werden kann, existiert derzeit kaum am Markt. Zudem müsste eine Standardisierung von Seiten der Pressenhersteller forciert werden. Je nach Pressentyp werden andere Anforderungen an das Design der Filterplatte gestellt.

Ein weiteres Problem stellt die derzeit fehlende Planungsunterstützung durch das IT-System dar. Das Problem der Lagerplanung wird auch mit Einführung der SAP-Software nicht zufriedenstellend zu lösen sein. Sie sollte aber zumindest eine Verbesserung dahingehend bringen, dass man den Lagerbestand mit den bereits bestehenden Aufträgen systemtechnisch abgleichen kann.

Die Planung der Materialläger gestaltet sich in erster Linie aufgrund der eingeschränkten Anwendungsmöglichkeiten des IT-Systems schwierig. Eine Absatzplanung im System mit anschließender Auflösung der Stücklisten ist momentan nicht darzustellen. Das bei der Lagerplanung der Fertig- und Halbfertigwaren hinsichtlich der Auftragsplanung Gesagte gilt ebenso für die Materialläger. Die Planung des Produktmix bestimmt in großem Ausmaß den Materialbedarf.

Die zukünftige Planung der benötigten Maschinen- und Personalkapazitäten sollte die Software ebenfalls erleichtern. Eine Auflösung der Arbeitspläne kann dann im IT-System dargestellt werden.

Eine besondere Stellung bei der Planung werden die Personalkosten, und hier vor allem die Lohnkosten, darstellen.

Oft sind diese über die Arbeitspläne direkt den Produkten zuzuordnen und stellen somit klassische Einzelkosten dar. Bei der Lenser Filtration GmbH werden die Personalzeiten jedoch nicht in den Arbeitsplänen abgebildet. Die Arbeitspläne enthalten stattdessen die Maschinenzeiten. Die Personalkosten fließen über die Kostenstellenrechnung in die Maschinenstundensätze ein. Wiederum einen Sonderfall der Kostenstellenrechnung stellt die Presserei dar. Da hier die Maschinengröße definiert, welche Formate auf ihr gefertigt werden können, gibt es unterschiedliche Maschinenstundensätze für die jeweiligen Formate und Plattentypen. Die Personalkosten werden jedoch nur in Summe für die Presserei erfasst. Die Schwierigkeit besteht hier in der Mehrmaschinenbedienung durch einen Mitarbeiter. Die einzelnen Mitarbeiter lassen sich nicht einer bestimmten Pressengruppe fest zuordnen. Aktuell wird bei der Lenser Filtration so vorgegangen, dass in regelmäßigen Abständen, zusammen mit der Leitung der Presserei, festgelegt wird, wie viele Mitarbeiter in der jeweiligen Pressengruppe im Schnitt pro Monat tätig sind. Die Personalkosten werden dann auf Basis der Kopfzahl auf die jeweilige Pressengruppe verteilt und mit in den Stundensatz eingerechnet.

Im Gegensatz hierzu stellen die Gehälter der Pressereileitung und der Meister eindeutige Strukturkosten dar. Der Aufgabenbereich dieser beiden Gruppen liegt vorrangig in der Planung und Überwachung der Schichten.

Um die Planung und Aufspaltung der Lohnkosten, die zu einem Großteil Produktkosten darstellen, zu verfeinern, ist eine Beschäftigungsplanung Voraussetzung.

Von den Beschäftigungszeiten lassen sich die Produktkosten ableiten und für die einzelnen Produkte berechnen. Die Kostenstellenplanung ist deshalb um diese Informationen zu ergänzen.

Um die Aufteilung vorzunehmen, sind die Lohnkosten im Verhältnis der Planbeschäftigung zur Maximalkapazität aufzuteilen.

Die Maximalkapazität sowie die Normalkapazität kann nach folgendem Schema ermittelt werden.

	Kapazität (Std.)
Sollzeit	52 Wochen x 40 Stunden = 2.080 Stunden
./. Urlaub	27 Tage x 8 Stunden = 216 Stunden
./. Krankheit	6 Tage x 8 Stunden = 48 Stunden
./. Feiertage	10 Tage (Bayern 2011) x 8 Stunden = 80 Stunden
= Maximalkapazität	1.736 Stunden
./. Weiterbildung	5 Tage x 8 Stunden = 40 Stunden
= Normalkapazität	1.696 Stunden
Kapazitätsnachfrage (Absatzplanung)	Ergibt sich aus der Kapazitätsplanung
Planbeschäftigung	1.400 Stunden

Abbildung 37: Kapazitätsplanung für den Personalbereich

Die Planbeschäftigung/Kapazitätsnachfrage ergibt sich aus der in Abbildung 37 dargestellten Planung der Personalzeiten. Wäre die Planbeschäftigung mit 1.400 Stunden angesetzt, müsste man die Lohnkosten beispielsweise im Verhältnis 80:20 (1.400h/1.736h) aufteilen.

Nach der Aufteilung ist des weiteren abzugleichen, ob diese Kapazitätsnachfrage abdecken kann. Sollte dies nicht der Fall sein, ist bereits an dieser Stelle über eine Erweiterung der Personalkapazität, entweder über Fremdleistung oder über Neueinstellungen, zu entscheiden.

Die Aufteilung auf die Pressengruppen kann ebenfalls aus der Kapazitätsplanung gewonnen werden.

In den Bereichen der Vorfertigung, der CNC-Bearbeitung, des Membranschweißens sowie der Endfertigung stellt sich das Problem der Aufteilung auf verschiedene Maschinengruppen nicht. In diesen Bereichen kann jede Maschine jedes Format bearbeiten.

Mit Ausnahme der Endfertigung stellen die Maschinenstunden die Bezugsgröße dar. In der Endfertigung sind es die Personalstunden. Die Rüstzeiten sowie die Einheitszeiten werden als gleiche Leistungsart verstanden, eine Bezugsgröße (Maschinenstunden) ist deshalb ausreichend.

6 Zusammenfassung

Ziel der Arbeit war zu zeigen, dass man zur Leitung eines Unternehmens ein Kostenrechnungssystem benötigt, das die an ein Management Accounting System gestellten Anforderungen erfüllt.

Das Financial Accounting ist, auch in der Form der IFRS-Berichterstattung, nicht ausreichend zur zielorientierten Steuerung eines Unternehmens.

Es sollte weiter gezeigt werden, dass die flexible Plankostenrechnung, in Kombination mit einer mehrstufigen Deckungsbeitragsrechnung, genau diesen Anforderungen entspricht.

Die in Kapitel 5 dargelegten Punkte zeigen die notwendigen Änderungen um zu einer führungsorientierten Managementerfolgsrechnung zu gelangen. Die getrennte Planung von Produkt- und Strukturkosten in der Kostenstellerechnung stellt dabei den wichtigsten Schritt dar. Desweiteren sind sämtliche Umlagen auf ihre Notwendigkeit hin zu überprüfen. Ziel muss es sein mit ein paar wenigen Umlageschlüsseln zu kalkulieren.

Das Kostenrechnungssystem kann im weiteren Verlauf verfeinert und um Ansätze, beispielsweise der Prozesskostenrechnung oder des Zero-Base-Budgeting, um nur zwei zu nennen, erweitert werden.

Literaturverzeichnis

Coenenberg, A. G. / Fischer, T. M. / Günther, T.: Kostenrechnung und Kostenanalyse, 7. Auflage, Stuttgart, 2009

Deimel, K. / Isemann, R. / Müller, S.: Kosten- und Erlösrechnung, Grundlagen, Managementaspekte und Integrations- möglichkeiten der IFRS, München, 2006

Deyhle, A / Radinger, G.: Controller Praxis, Band 12, Controller Handbuch II, 6. Auflage, Gauting, 2008

Deyhle, A. / Radinger, G.: Controller Praxis, Band 13, Controller Handbuch III, 6. Auflage, Gauting, 2008

Deyhle, A. / Radinger, G.: Controller Praxis, Band 14, Controller Handbuch IV, 6. Auflage, Gauting, 2008

Eberlein, J., Prof., Dr.: Betriebliches Rechnungswesen und Controlling, 2. Auflage, München, 2010

Eilenberger, G., Dr.: Betriebliches Rechnungswesen, 7. Auflage, München, 1995

Friedl, B., Dr.: Kostenrechnung, 2. Auflage, München, 2010

Gälweiler, A.: Unternehmenssicherung und strategische Planung. in: Zeitschrift für betriebswirtschaftliche Forschung, 28.JG., Heft 5, 1976

Günther, T. / Zurwehme, A.: Harmonisierung des Rechnungswesens – Stellschrauben, Informationswirkung und Nutzenbewertung. in: Betriebswirtschaftliche Forschung und Praxis, 60. Jg., Heft 2, 2008

Haberstock, L.: Kostenrechnung I, 13. Auflage, Wiesbaden, 2008

Heinhold, M.: Kosten- und Erfolgsrechnung in Fallbeispielen, 4. Auflage, Stuttgart, 2007

Hoh, K.-H.: Controller's Vorgehens-Weg zur Management-Erfolgs-Rechnung. in: Controller Magazin, 17. Jg., Heft 2, 1992

Hoitsch, H.-J. / Lingnau, V.: Kosten- und Erlösrechnung, Eine controllingorientierte Einführung, 5. Auflage, Heidelberg, 2004

Horngren, C.T. / Datar, S.M. / Foster, G. / Rajan, M.V. / Ittner, C.: Cost Accounting – A Managerial Emphasis, 13. Auflage, Upper Saddle River, 2008

Horvath, P. / Mayer, R.: *Prozeßkostenrechnung: Der neue Weg zu mehr Kostentransparenz und wirkungsvolleren Unternehmensstrategien.* in: Controlling 1, 1989, S. 214-219

Hummel, S., Dr. / Männel, W., Dr.: *Kostenrechnung 1, Grundlagen, Aufbau und Anwendung,* 4. Auflage, Wiesbaden, 1986

IGC International Group of Controlling: *Controller Wörterbuch,* 3. Auflage, Stuttgart, 2005

Joos-Sachse, T.: *Controlling, Kostenrechnung und Kostenmanagement,* 3. Auflage, Wiesbaden, 2004

Jorasz, W.: *Kosten- und Leistungsrechnung,* 5. Auflage, Stuttgart, 2009

Känel, S. v., Prof., Dr.: *Kostenrechnung und Controlling, Grundlagen, Anwendungen, Excel-Tools,* 1. Auflage, Bern, 2008

Kilger, W.: *Betriebliches Rechnungswesen.* in: Jacob, H.: *Allgemeine Betriebswirtschaftslehre in programmierter Form,* 1969, S. 833-946

Kilger, W.: *Einführung in die Kostenrechnung,* 3. Auflage, Wiesbaden, 1987

Kilger, W. / Pampel, J. / Vikas, K.: *Flexible Plankostenrechnung und Deckungsbeitragsrechnung,* 12. Auflage, Wiesbaden, 2007

Kosiol, E.: *Kostenrechnung der Unternehmung,* 2. Auflage, Wiesbaden, 1979

Lutz, E.: *St. Galler Business School, Controller Programm Teil 2, Modul Controlling,* Seminarordner, 2010

Männel, W., Prof., Dr.: *Entwicklungsperspektiven der Kostenrechnung,* 5. Auflage, Lauf an der Pegnitz, 1999

Männel, W., Prof., Dr.: *Handbuch Kostenrechnung,* Wiesbaden, 1992

Olfert, K., Prof. Dipl.-Kfm.: *Kostenrechnung,* 14. Auflage, Ludwigshafen, 2005

Pinnekamp, H.-J., Dr.: *Kosten- und Leistungsrechnung, Einführung in die Interne Erfolgsrechnung, Kostenkontrolle und Entscheidungsrechnung,* 2. Auflage, München, 1998

Preißler, P., Prof. Dr.: *Entscheidungsorientierte Kosten- und Leistungsrechnung,* 3. Auflage, München, 2005

Riebel, P., Prof., Dr. : Ansätze und Entwicklungen des Rechnens mit relativen Einzelkosten und Deckungsbeiträgen (I). in: Männel, W., Kostenrechnungspraxis, Sonderheft 1/95, Meilensteine der Kostenrechnung, Wiesbaden, 1995, S. 43-48

Rieder, L. / Berger-Vogel, M.: Echte Deckungsbeitragsrechnung contra Ergebnisrechnung nach IFRS. in: Controller Magazin, Februar 2008, Gauting, S. 24-34

Schildbach, T. / Homburg, C.: Kosten- und Leistungsrechnung, 10. Auflage, Stuttgart, 2008

Schmidt, H. / Wenzel, H.H.: Maschinenstundensatzrechnung als Alternative zur herkömmlichen Zuschlagskostenrechnung. in: Kostenrechnungspraxis, 1989

Schweitzer, M., Prof. Dr. / Küpper, H.-U., Prof. Dr.: Systeme der Kosten- und Erlösrechnung, 9. Auflage, München, 2008

Steger, J., Dr.: Kosten- und Leistungsrechnung, Einführung in das betriebliche Rechnungswesen, Grundlagen der Vollkosten-, Teilkosten-, Plankosten- und Prozesskostenrechnung, 4. Auflage, München, 2006

Weber, J.: Einführung in das Rechnungswesen II – Kostenrechnung, 5. Auflage, Stuttgart, 1997

Weber, J. / Schäffer U.: Einführung in das Controlling, 11. Auflage, Stuttgart, 2006

Witthoff, H.-W.: Kosten- und Leistungsrechnung der Industriebtriebe, 4. Auflage, Stuttgart, 2001

Wöhe, G., Dr. Dr. h. c. mult.: Einführung in die Allgemeine Betriebswirtschaftslehre, 18. Auflage, München, 1993

Vormbaum, H. / Ornau, H.: Kalkulationsverfahren im Überblick. in: Handbuch Kostenrechnung, hrsg. v. Männel, W., Wiesbaden, 1992, S. 533-551

Kurzprofil – Alexander Hust

Alexander Hust

Berufspraxis

Seit 04/2011 **Leiter Rechnungswesen, Controlling**
(Lenser Filtration GmbH)

09/2008-03/2011 **Rechnungswesen, Controlling**
(Lenser Filtration GmbH)

Ausbildung

Universität Augsburg

Beispiele von Diplomarbeiten 2011 (Auszug)

- Neuerschliessung strategischer Geschäftsfelder am Beispiel des Markteintritts der X-KG in Japan

- Bestandsaufnahme einer Marktausrichtung im Bereich der Informationssicherheit am Beispiel der X Group

- Familienunternehmen. Welche Bedeutung hat das Prinzip der Nachhaltigkeit für Familienunternehmen?

- CSR – Management von und Management für Nachhaltigkeit

- Key Account Management vs. Flächengebietsverkauf am Beispiel des Segments der stationären Gasmesstechnik der X Company

- Konzeptionierung und Vermarktung des neuen Beherbergungskonzepts der „X" mit Schwerpunkt auf Corporate Branding Management

- Ausarbeitung und Bewertung strategischer Optionen für die Firma X innerhalb der Zigarettenindustrie

- Prüfung der Wiedereinführung von X Beutelsystemen auf dem österreichischen Markt
- Gründung und Weiterentwicklung einer Marktfolge sowie deren

- Mitten in der Globalisierung. In der Krise. Was hat sich im Bankenalltag geändert? Wie reagiert eine regionale genossenschaftliche Bank auf diese Einflussfaktoren?

- NGO – Führung im Übergang. Eine Fallstudie zum Strategie Management des X Centers

- Risiko- und Potentialanalyse für den Ausbau des Exportgeschäfts der X Bäckereien

- Wettbewerbsanalyse für die Business Unit Y der X AG

- Marketing Strategie. Digital Marketing Consulting

- Innovationskultur – Leuchtfeuer für Innovationen entfachen

- Prozessmanagement: Theorie und Praxis anhand eines Beispiels „administrativer Verkauf bei X"

- Umsetzung einer Wachstums- und Akquisitionsstrategie für einen mittelständischen Kaffeeröster
- Die Relevanz einer CRM-Strategie in der Pharmaindustrie – Die

zukünftige Rolle in einer Vertriebsbank am Beispiel einer Muster Sparkasse

- Change- / Veränderungsmanagement

- X in Griechenland - Markteintrittsszenarien

- Definition von Methoden sowie Erarbeitung einer Prozessbeschreibung zur einheitlichen strategischen Marktbearbeitung

- Leadership im Cockpit; Standort und Entwicklung

- Aufbau und Implementierung einer mehrstufigen Deckungsbeitragsrechnung in einem mittelständischen Unternehmen der Metallindustrie am Beispiel der X GmbH

- Einflussmöglichkeiten auf den Produktlebenszyklus eines ethischen Arzneimittels am Beispiel von X

- Markenführung mit E- und M-Commerce – M-Commerce Bedienung von Geldautomaten

Anforderungen an ein komplexes Kundenmanagement

- Institutionalisiertes Schnittstellenmanagement als integraler Bestandteil von Outsourcinglösungen im Bankengewerbe

- Handbuch für Projektmanager in Einfluss- und Matrix-Projektorganisationen

- Strategische Massnahmen der X GmbH für den Chinesischen Markt

- Rückwirkende Problemanalyse des Change Management von X Systems sowie Skizzierung potenzieller Lösungsansätze zur nachhaltigen Implementierung

- Optimierung des Budgetierungsprozesses der X Gruppe

- Aufbau einer kundenorientierten Marktstrategie im Bereich der Informationssicherheit am Beispiel X

- Strategische Unternehmensausrichtung, Standardisierungs und Modularisierung der Organisation für Unternehmen mit geschäftsfeldbedingten differenzierten

Projektabwicklungsmethodiken

- Kundenanforderungen erkennen. Eigene Stärken nutzen, Produkt-Neueinführung orientiert am Markt und integriert im Unternehmen

- Analyse Unterdeckung Lösungszentrum X und Massnahmen für ein ausgeglichenes Ergebnis

- Strategische Entwicklung eines digitalen wissenschaftlichen Publikationsmediums (eJournal) im Bereich der Medizin und der Biotechnologie

- Implementierung eines Key Account Managements in einem mittelständischen Verlagsunternehmen

- Chancen und Risiken der kleinen und mittleren Unternehmen (KMU) hinsichtlich der volkswirtschaftlichen Rahmenbedingungen, der Internationalisierung und der Globalisierung

- Bedeutung und Eigenart kleiner und mittelständischer Unternehmen

- Der Weg zu höherer Effizienz am Beispiel des Vertriebs in Zentraleuropa der X Inc.

- Hochleistungsorganisation: Der Wandel von einem regionalen Marktführer zu einer modernen Kommerzbank, dargestellt anhand der X

- Der ideale Vertriebspartner für die Firma X

- X – vom Computerhändler zum Lifestyle-Anbieter

- Marktanalyse der deutschen Logistikbranche im Hinblick auf Auswirkungen der Finanzkrise im Allgemeinen und im Besonderen auf die Finanzkennzahlen ausgewählter Wettbewerber der X-Gruppe

- Europäische Wachstumsstrategie eines mittelständischen Lebensmittel-Unternehmens

- Ermittlung von neuen Technologien für die Herstellung und Fertigstellung von Backwaren im Rahmen des X-Projektes

- Prozess und Change Management: Theorie und Praxis „administrativer Verlauf bei X"

Das St. Galler Konzept Integriertes Management
Die «St. Galler Schule»

Die «St. Galler Schule» hat sich frühzeitig von rein ökonomistischen Vorstellungen der traditionellen Betriebswirtschaftslehre emanzipiert, indem sie ihren Schwerpunkt auf die Entwicklung einer Lehre von der Unternehmungsführung sozialer Systeme legte. Ihr Begründer Hans Ulrich als Professor der damaligen Hochschule – jetzt «Universität St. Gallen (HSG)» genannt – erkannte die integrierende Kraft des Systemansatzes im Spannungsfeld von Wirtschafts- und Sozialwissenschaften und erarbeitete mit Kollegen und Mitarbeitern das sogenannte St. Galler Management-Modell als eine sich der Wirtschaftspraxis annähernde Ausformung einer Managementlehre. Es war Knut Bleicher anschliessend vergönnt, als Nachfolger Ulrichs dieses Werk zusammen mit befreundeten Kollegen und Mitarbeitern zum «St. Galler Management-Konzept» weiterzuentwickeln, welches nunmehr unter dem Titel «Das Konzept Integriertes Management» bereits in der 8. vollständig überarbeiteten und erweiterten Auflage beim Campus-Verlag Frankfurt/New York vorliegt.

Mit diesem Werk wird dem Manager, der Managerin eine Denklandkarte und Steuerungshilfe zur Verfügung gestellt, welche gerade den heutigen, hochkomplexen, globalen Anforderungen an Unternehmen gerecht wird. Allerdings vermittelt der von Professor Knut Bleicher weiterentwickelte St. Galler Ansatz bewusst keine Rezepte oder einfache Patentlösungen. Vielmehr bietet er einen Gestaltungsrahmen, ein «Leerstellengerüst für Sinnvolles» (nach Ulrich), mit dem Führungskräfte dank besserer Kenntnis der Gesamtzusammenhänge Probleme selbst identifizieren und mögliche Lösungen finden können. Dazu werden dem praktizierenden erfahrenen Manager mittels eines spezifischen Bezugsrahmens und einem darauf abgestimmten Vorgehenskonzept wesentliche Denkanstösse und Instrumente an die Hand gegeben werden, die es ihm ermöglichen, das ganzheitliche St. Galler Gedankengut auf das eigene Unternehmen bzw. spezifische Problemstellungen zu übertragen. Daraus resultieren Antworten und Kernaussagen zur Bewältigung des sich vollziehenden Wandels.

Das Buch zum Konzept

Der Klassiker in der 8. Auflage

Der ganzheitliche Ansatz des St. Galler Management Konzepts hat das Denken und Handeln zahlreicher Manager nachhaltig beeinflusst. Führungskräfte finden hier einen Gestaltungsrahmen für die Zukunftssicherung ihrer Firma, der sämtliche Unternehmensaktivitäten in ein stimmiges Gesamtkonzept integriert. Sie erhalten strategische Denkanstöße, die weit über das operative Geschäft hinausreichen. Die 8. Auflage erscheint zum 20-jährigen Bestehen des Managementklassikers, welcher heute zu den unverzichtbaren und zeitlosen Standardwerken der Managementliteratur zählt.

In dieser Jubiläums-Neuauflage erwartet Sie ein neues Vorwort mit Ratschlägen an Führungskräfte von Knut Bleicher, ein Geleitwort über die Weiterentwicklung der St. Galler Managementlehre in die Praxis von Christian Abegglen, Geschäftsführender Direktor der St. Galler Business School, sowie ein zusätzliches, neues Kapitel zur praktischen Umsetzung des Konzepts.

Jubiläumsausgabe 2011

campus

Knut Bleicher

DAS KONZEPT INTEGRIERTES MANAGEMENT

Visionen – Missionen – Programme

St. Galler Management-Konzept

mit einem Praxiskapitel zur Umsetzung von C. Abegglen

Prof. (emer.) Dr. Dres. h.c. Knut Bleicher war bis zu seiner Emeritierung 1995 Direktor des Instituts für Betriebswirtschaftslehre der Universität St. Gallen. Er begleitete zahlreiche Veränderungsprozesse großer internationaler Unternehmen und war Beiratsvorsitzender und wissenschaftlicher Leiter der St. Galler Business School.

8., aktualisierte und erweiterte Auflage des Standardwerks

8. aktualisierte und erweiterte Auflage
2011, 728 Seiten
D 59,90 €
A 61,60 €
CH 84,90 Fr.*
ISBN 978-3-593-39440-4

campus
Frankfurt · New York

www.campus.de · http://www.facebook.com/campusverlag · http://twitter.com/Campusverlag

Meilensteine der Entwicklung eines Integrierten Managements

Während das Buch zum Konzept in strukturierter Form die Grundlagen und Zusammenhänge des Konzeptes wiedergibt, sind im Umfeld seiner Erarbeitung und Weiterführung vielfältige vertiefende Beiträge von Knut Bleicher in Fachzeitschriften und Sammelwerken erschienen, die die Entwicklung des Managementkonzepts nachzeichnen, vertiefen und ergänzen, wobei vor allem auch tangenziale Bezüge zu angrenzenden Spezialfragen eröffnet werden. Dr. Christian Abegglen hat die aufwendige Aufgabe übernommen, diese einem interessierten Kreis von Wissenschaftlern und vor allem Führungskräften in der Praxis näher zu bringen. Das umfangreiche Textmaterial wurde dabei zu sechs Bänden zusammengefasst und geordnet, die sich jeweils mit zentralen Fragen des normativen, strategischen und operativen Managements auseinandersetzen:

Band 4 (aktuell erschienen): Managementsysteme

Die strukturelle Gestaltung der Unternehmung hat den in der Vision und in den Missionen vorgegebenen Zukunftskurs der Unternehmung und die strategische Programmgestaltung zu unterstützen, in dem sie menschliches Verhalten bei der Problemerkenntnis und operativen Problemlösung in erfolgsversprechende geordnete Bahnen lenkt. In diesem Zusammenhang kommt der Ausgestaltung von Managementsystemen und der Verhaltenssteuerung zum Ausgleich eine besondere Bedeutung zu.

Band 1: Management im Wandel von Gesellschaft und Wirtschaft

Der sich vollziehende Wandel in unseren gesellschaftlichen und wirtschaftlichen Rahmenbedingungen lässt eingangs die Frage nach den notwendigen Konsequenzen im Denken und Handeln des Managements stellen und verlangt andersartige Konzepte.

Band 2: Strukturen und Kulturen der Organisation im Umbruch

Der dargestellte Wandel von Gesellschaft und Wirtschaft bleibt nicht ohne gravierenden Einfluss auf Strukturen und Kulturen der Organisationen, die sich den neuen Rahmenbedingungen anpassen müssen. Neue Organisationsformen sind erkennbar und stossen aber auch an Grenzen. Am Horizont zum Neuen eröffnen sich jedoch interessante Perspektiven einer systemischen Organisationsgestaltung und Führung für die Zukunft.

Band 3: Normatives und strategisches Management in der Unternehmensentwicklung

In diesem Band wird die identitätsschaffende Rolle der Unternehmensphilosophie herausgearbeitet, die für die Anpassung der Neubewertung von Unternehmen konstitutiv ist. Das strategische Management ist anschliessend auf die Ausrichtung von Aktivitäten zur Gewinnung von Wettbewerbsvorteilen programmatisch auszurichten und zu konzentrieren, was eine Konzentration verfügbarer Ressourcen und Kräfte im Wettbewerb am Markt erfordert.

Wissenschaftlicher Hintergrund des Systemorientierten Managements

Band 4
Managementsysteme
(erschienen Oktober 2011)
ISBN 3-89929-074-7

Band 5
Human Resources Management
(erscheint November 2012)

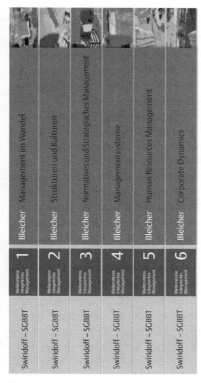

Band 1
Management im Wandel von
Gesellschaft und Wirtschaft
ISBN 3-89929-052-6

Band 2
Strukturen und Kulturen
ISBN 3-89929-055-0

Band 3
Normatives und Strategisches
Management
ISBN 3-89929-073-9

Bände 1-6
Meilensteine der Entwicklung eines Integrierten
Managements
Swiridoff Verlag, St. Galler Business Books & Tools

Management Valley St. Gallen –
Interview mit Prof. emer. Dr. Dres. h.c. Knut Bleicher

St. Gallen ist zu einem Standort für Management-Ausbildung geworden, zig Akademien und Business Schools haben sich hier niedergelassen, die den St. Galler Ansatz unterrichten. Tun diese Akademien das wirklich alle?

Prof. emer.
Dr. Dres. h.c. Knut Bleicher

St. Gallen hat sich in der Tat zu einem Mekka der Managementausbildung entwickelt – zu einem Consulting Valley bzw. später zu einem Management Valley– was bereits von meinem Vorgänger an der Universität St. Gallen, Prof. Dr. Dres. h.c. Hans Ulrich erkannt und gefördert wurde. So wird mittlerweile das Denken zahlreicher Manager durch den St. Galler Ansatz geprägt, dem sich das Valley bedingungslos verschrieben hat.

Und dies wohl vor allem deshalb, weil ganz bewusst keine Patentrezepte, keine Scheinlösungen vermittelt werden. Vielmehr geht es uns um das Bieten eines Gestaltungsrahmens – oder wie wir es gerne ausdrücken – um ein «Leerstellengerüst für Sinnvolles» mit Hilfe dessen Herausforderungen identifiziert und potenzielle Lösungswege gefunden werden können.

Aus einer wissenschaftlich-akademischen Perspektive fühlt sich einerseits die Universität St. Gallen (HSG), heute von vielen als eine der besten Ausbildungsstätten für den betriebswirtschaftlichen Nachwuchs bezeichnet, nach wie vor dem St. Galler Ansatz verpflichtet und vermittelt diesbezügliches Wissen an die jungen Studenten.

Auf der anderen Seite haben es zahlreiche privatwirtschaftlich organisierte Institutionen – oftmals direkte oder indirekte Spin-offs der Universität St. Gallen, man denke an das Malik Institute oder an die SGBS St. Galler Business School – verstanden, den St. Galler Management-Ansatz in Form von Seminaren, Management-Programmen und Consulting-Leistungen umzusetzen und entsprechend weiter zu verbreiten. Diese meist privat organisierten Gesellschaften haben – im Gegensatz zur Universität mit staatlichem Auftrag – keine Jung-Studenten im Fokus, sondern konzentrieren sich auf erfahrene Führungskräfte.

Genau dies entspricht auch der Absicht und dem Ziel von Hans Ulrich und mir, und ich meine auch meiner Nachfolger. Wir wollten und wollen das Management-Valley St. Gallen permanent weiterentwickeln.

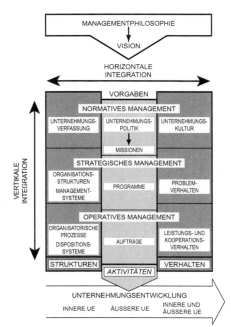

Die Leader im Valley, und dazu gehören neben der Universität St. Gallen, bestimmt vornehmlich die privatrechtlich gehaltene SGBS St. Galler Business School, 1994 mitbegründet und aufgebaut von Dr. C. Abegglen, sowie das ehemalige von Prof. Dr. F. Malik gegründete Management Zentrum St. Gallen, heute Malik Institute genannt. Abegglen konzentriert sich vornehmlich auf Management-Aus- und Weiterbildung, Malik eher auf Consulting und Inhouse-Aktivitäten.

Diese St. Galler Institutionen setzen den St. Galler Ansatz sicher auf vorbildliche Art und Weise um, mit unterschiedlichen Schwerpunkten natürlich: Die von mir nach der Emeritierung lange Zeit begleitete St. Galler Business School setzt dabei auf mein «Integriertes Konzept», die Universität hat das ursprüngliche Ulrich Modell in ein sog. «Neues St. Galler Modell» überführt. Beides ist zweckdienlich.

Ein Höchstmass an Qualität, Kundenzufriedenheit und Praxisrelevanz ist für mich ein Muss, wer dies nicht liefert, den bestraft glücklicherweise der Markt.

Also auf den Punkt gebracht: Die erfolgreichen Institutionen leben den St. Galler Ansatz, die anderen werden auf Dauer ihren Platz im Management-Valley nicht sichern und behaupten können.

Gerade heute, wo die Verantwortung der Manager und der Stakeholder-Gedanke diskutiert werden: Welchen Beitrag liefert der St. Galler Ansatz zu dieser Diskussion? Inwieweit soll auch in der Lehre ein anderes Bild vermittelt werden? Inwieweit gelingt das Ihrer Meinung nach?

Gerade der St. Galler Ansatz entfernte sich schon früh vom rein betriebswirtschaftlichem und volkswirtschaftlichem Denken. Vielmehr wurde die Unternehmung als Teilsystem der Gesellschaft erkannt, weshalb diese auch ganzheitlich zu führen ist. Aus diesem Grunde plädiere ich in einigen meiner Beiträge für eine Erweiterung der Betriebswirtschaftslehre durch eine ganzheitliche Managementlehre. Denn Unternehmensführung muss die Gesamtheit im Blick haben – Kennzahlen alleine reichen nicht aus.

Somit ist auch die Sinnfrage zu stellen – also der normative Leitgedanke der Unternehmung aus Perspektive unterschiedlicher Stakeholder zu formulieren. Diese grundsätzlichen Gesetzmässigkeiten der Unternehmung, die wesentlichen Bestandteile der unternehmerischen Identität, sind auf oberster Managementebene zu klären. U.a. aus diesem Grunde habe ich vor knapp über 20 Jahren bei der Weiterentwicklung des St. Galler Management-Ansatzes zu meinem «Konzept Integriertes Management» Unternehmenspolitik, -verfassung und -kultur stark betont und ausgebaut.

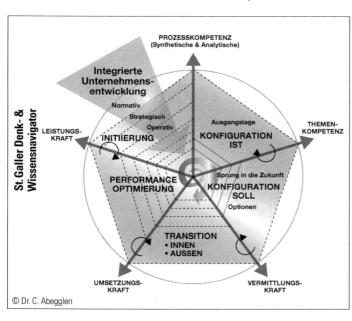

Diese Elemente stellen die unternehmerische Verantwortung in den Fokus. Verantwortungslose Unternehmensführung kann auf Dauer nicht erfolgreich funktionieren, ist doch das Nachkommen unternehmerischer Verantwortung wesentliche Voraussetzung für die Zufriedenheit der Kunden, Mitarbeiter, Shareholder usw.

Es zeigt sich heute, dass das in den Managementtrainings vermittelte Bild eines integrierten, ganzheitlichen und somit auch verantwortungsvollen Managements in vielen Unternehmungen bereits gelebt wird und zum täglichen Handeln zu zählen ist.

Diese Themen sind für die Öffentlichkeit sehr wichtig, nur fehlt dort teilweise das diesbezügliche Wirtschafts- und Unternehmenswissen. Hier besteht Handlungsbedarf.

Genau das war einer meiner Gründe als Wissenschaftlicher Leiter und Beiratsvorsitzender der St. Galler Business School tätig zu sein, eben nicht im akademischen Elfenbeinturm zu sitzen, sondern vielmehr direkt in den unterschiedlichsten Unternehmungen, um mit aktuellen Führungskräften die besonderen Herausforderungen von heute anzugehen und dabei zu helfen, diese einer Lösung zuzuführen.

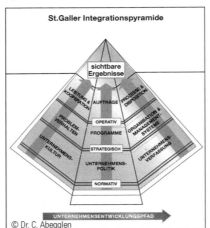

Was ist für Sie die bedeutendste Weiterentwicklung des Ansatzes? Wie muss sich das Modell weiter verändern, um sich des stark veränderten Managementumfeldes künftig anzupassen?

Die Welt ist nicht einfacher geworden, seit im Jahre 1991 das zusammen mit Kollegen der Universität St. Gallen erarbeitete «Konzept Integriertes Management» erstmals in Buchform veröffentlicht wurde. Seither standen politische Systeme und Wirtschaft beinahe vor dem Abgrund. Diese Entwicklungen sind allerdings nicht überraschend, sie wurden mehrfach vorausgesagt und wurden von mir als Paradigmenwechsel bereits damals skizziert.

In solchen Zeiten der Orientierungslosigkeit und unklarer Gemengenlage wurde und wird nach schneller Hilfe verlangt, nach Patentrezepten. Isolierte Werkzeuge und Regelungen werden eingeführt, diese helfen meist aber nur kurz, da sich die Geschäftsmodelle erstens anzugleichen beginnen und zweitens der Blick für das Gesamte mit entsprechenden Risiken verloren geht.

Wir kamen deshalb schon vor über 20 Jahren zum Schluss, basierend auf den Überlegungen von Kollege Ulrich, dass wir ein umfassend neues Managementverständnis benötigen, wir sprachen von einem notwendigen Paradigmenwandel im Umgang mit den Problemen dieser Welt. Oberstes Ziel war und ist die Generierung eines sogenannten höheren Nutzens zur Begründung der Daseinsberechtigung.

Mehr als zwei Generationen von Studierenden und Führungskräften konnten den neuen geforderten Umgang mit Komplexität in der Welt der Wirtschaft studieren, sie haben gelernt, dass die Geschwindigkeit der Veränderungen und die Informationsflut in einer Welt globaler informatikgestützter Vernetzung andere Denk- und Verhaltensmuster erfordert.

Das theoretische Wissen liegt vor. Tröstlich eigentlich, dass die Welt nicht immer neu erfunden werden muss. Bedrohlich aber, dass dieses Wissen leider häufig nur bedingt oder unvollständig in die Praxis umgesetzt wird. Dies ist umso beklagenswerter angesichts der Fülle an Fachliteratur.

Es besteht eine Lücke zwischen dem was das Management leistet, und dem, was es tun könnte. Dies war lange zu tolerieren. In der heutigen Zeit aber nicht mehr. Führungskräften gelingt es immer weniger, ihr Unternehmen in dem zugegeben verengten Erfolgskorridor einer angestrebten positiven Unternehmensentwicklung zu bewegen. Je stärker das Sichere schwankt, umso eher wird das Falsche getan. Umso komplexer eine Situation, umso stärker baut sich Handlungsdruck auf und umso rascher wird auf kurzfristige, lediglich die Symptome bekämpfende isolierte Rezepte zurückgegriffen. So werden Festungen gebaut und Corporate-Governance-Regelungen vorgeschoben.

Das Einlegen eines echten Vorwärtsganges ist nach wie vor kaum erkennbar. Statt gerade in heutigen Zeiten schnellen Wandels klare langfristige Ziele zu formulieren und diese auch zu kommunizieren, wird in der Hektik fehlende Nachhaltigkeit hingenommen. Nebenwirkungen werden unterschätzt, der Faktor Zeit nicht berücksichtigt, humansoziale und verhaltensspezifische Aspekte wenig beachtet.

Die aktuellen Krisen zeigen somit deutlich, dass uns das grundlegende Verständnis im Umgang mit Komplexität nach wie vor fehlt. Die Theorie ist da, es fehlt an der Umsetzung.

Wie bereits erwähnt, steht für mich bezüglich Weiterentwicklungen fest, dass wir an einem Entwicklungsstand angekommen sind, an welchem die Welt nicht mehr neu erfunden werden muss. Die aktuellsten Herausforderungen sind für mich die Beschäftigung mit, kritische Reflexion von und bedachte Umsetzung des bereits Vorhandenen – also der Transfer in die Praxis.

Die heutige Zeit ist leider auch eine Zeit der Spezialisten, die über immer – zunehmend auch in der BWL – mehr Wissen in einem immer kleineren Teilgebiet verfügen. Dies erschwert die Umsetzung. Wir benötigen somit Wissenschafter – möglichst mit praktischem Hintergrund – mit sehr breiten, themenübergreifenden Interessen und Kompetenzen.

Deshalb steht heute für uns der Praxistransfer, die Anwendung des St. Galler Management-Ansatzes im Fokus. Dr. Abegglen ist als geschäftsführender Direktor der St. Galler Business School permanent mit der Umsetzung und Weiterentwicklung des «Konzeptes Integriertes Management» beschäftigt. Er betreut und entwickelt mein Konzept weiter in Seminaren für das oberste und obere Management, Inhouse Schulungen oder Beratungen und wissenschaftlichen Publikationen (vgl. z.B. Kapitel 12 der 8. Auflage 2011).

Wir arbeiten in den Strukturen von gestern, mit Methoden von heute, hoffentlich an Strategien für morgen, überwiegend mit Menschen, die in den Kulturen von vorgestern die Strukturen von gestern gebaut haben und das Übermorgen nicht mehr erleben werden.

... und gerade der kritischen Reflexion und Änderung dieser Situation habe ich mein Leben gewidmet. Es freut mich sehr, dass Dr. Abegglen und die St. Galler Business School dieses Vermächtnis fortführen. ◆

Prof. emer. Dr. Dres. h.c. Knut Bleicher, Hamburg, 18.1.2012

Eine gekürzte Version dieses Interviews erscheint im Handelsblatt.